AUMENTA TU INTELIGENCIA FINANCIERA

Eleva tu Coeficiente Financiero y Logra Jubilarte o la Independencia Económica que Siempre has Querido

SCOTT KAIN

información se realiza sin contrato y sin ningún tipo de garantía endosada.

El uso de marcas comerciales en este documento carece de consentimiento, y la publicación de la marca comercial no tiene ni el permiso ni el respaldo del propietario de la misma. Todas las marcas comerciales dentro de este libro se usan solo para fines de aclaración y pertenecen a sus propietarios, quienes no están relacionados con este documento.

Índice

Introducción

Un recién licenciado con un enorme préstamo para estudios empezó su primer trabajo con un sueldo decente y se propuso saldar su deuda lo antes posible. Pero se quedó atrapado en el mismo trabajo durante mucho tiempo porque el préstamo se acumulaba mes tras mes. ¿Te suena esto? ¿Cuántos de ustedes han comprado cosas por impulso, pero cuando llegan a casa se dan cuenta de que no las necesitan? ¿Te encuentras viviendo de cheque en cheque? O cuando aparecen sorpresas, como una urgencia médica o problemas con el vehículo, acabas pidiendo un préstamo. La mayoría de nosotros hemos caído en la trampa de una planificación financiera inadecuada y hemos acabado pagando un precio enorme por ello. Pero no te estreses, porque nunca es demasiado tarde para empezar a cuidar tus finanzas personales.

En todos estos escenarios, el dinero es el factor común. Lo más importante es que necesitas una cantidad de dinero adecuada en el momento adecuado para cumplir todos tus sueños y objetivos. Aquí es donde entra en juego la planificación financiera. Al igual que las empresas tienen planes a largo y corto plazo para cuidar sus gastos, en la vida personal también es necesario planificar para llevar una vida sin estrés.

La Importancia De Planificar Las Finanzas Personales

CREACIÓN DE RIQUEZA: El precio de los artículos de uso cotidiano está aumentando y para mantener tu estilo de vida actual, necesitas crear un corpus de fondos considerable. En el futuro, es posible que quieras comprar una casa o casarte; esto requerirá dinero, que se sumará a tus necesidades diarias. Esto pone de manifiesto la importancia de la planificación financiera. Puedes ganar esa cantidad invirtiendo tu dinero en las vías adecuadas ("Importancia de la planificación financiera", s.f.).

Aumenta tus ahorros: La planificación financiera tiene en cuenta tus ingresos de todas las fuentes y tus gastos. Esto le proporciona la información necesaria sobre sus gastos innecesarios y le guiará para reducirlos. Este paso aumentará automáticamente sus ahorros a largo plazo.

· · ·

Esté mejor preparado para las emergencias: Mientras planificas tu presupuesto, crear un fondo para emergencias es una parte vital de este proceso. La pandemia actual nos ha enseñado que las emergencias pueden afectar a cualquiera en cualquier momento. Es importante mantener un mínimo de seis meses de tu salario como fondo de emergencia. Este fondo puede ayudarte a

navegar durante una emergencia médica o una pérdida de empleo. Esto le evitará más estrés a la hora de buscar vías para financiar su emergencia.

La planificación de las finanzas personales le proporciona la tranquilidad necesaria. Cuando haya planificado su futuro, y haya reservado fondos para emergencias, y con los fondos adecuados en la mano para ayudarle con sus gastos diarios, podrá vivir su vida sin ninguna preocupación. La planificación financiera te ayuda a llegar a ese punto. No te preocupes si no has llegado a esa etapa; tener la intención es el primer paso para lograr la independencia financiera y vivir una vida sin estrés. Planificación de la jubilación: Tanto si acabas de empezar a trabajar como si estás a mitad de carrera, es importante que empieces a planificar tu jubilación. Tiene que empezar a preparar su red de seguridad ahora para poder vivir una vida de jubilado feliz y cómoda.

. . .

Al planificar su jubilación, el coste más importante serán sus gastos médicos. Con el aumento de la esperanza de vida tras la jubilación, necesitará una mayor cantidad de dinero en comparación con sus antepasados. Además, si empiezas pronto, puedes construir un gran corpus de dinero a lo largo de 25 o 30 años con el poder de la capitalización.

Vencer a la inflación: ¿Sabes que nuestros abuelos recuerdan que hace 20 años las cosas eran más baratas?

El precio de una entrada de cine que se pagaba hace cinco años debe haberse duplicado ya. Este fenómeno de aumento de precios con el paso de los años se llama inflación. ¿Te preguntas por qué deberías preocuparte por la inflación? Suponga que tiene 1.000 dólares en su cuenta de ahorros y que el tipo de interés de su cuenta de ahorros es del 5%. Eso significa que el año que viene tendrá 1.050 dólares en su cuenta. Ahora bien, si la tasa de inflación es del 10%, necesitaría 1.100 dólares en su cuenta para tener la misma capacidad de compra. Esto significa que si tus ahorros no aumentan al mismo ritmo que la inflación, acabarás perdiendo dinero.

Aparte de las razones mencionadas, la planificación financiera también ayuda a gestionar mejor la cartera.

Puedes ver qué plan de ahorro te está dando mejores rendimientos, cuál es el factor de riesgo de cada plan de ahorro, y luego ajustar tu plan según sea necesario.

Puede que tenga varios objetivos que alcanzar, pero si no ha planificado sus finanzas adecuadamente, no podrá lograr ninguno de ellos. De ahí la importancia de una buena planificación de las finanzas personales. En los próximos capítulos, comprenderemos los fundamentos de la planificación financiera y cómo una gestión adecuada de las deudas puede ayudarle a reducir los intereses que acaba pagando a sus acreedores. También aprenderemos el arte de invertir y cómo las inversiones adecuadas pueden ayudar a asegurar tu futuro.

A lo largo de los años, he trabajado con muchos clientes que estaban luchando con enormes préstamos y facturas de tarjetas de crédito. Entendí los problemas y trabajé en un plan que eventualmente los puso en el camino correcto. Lo más importante es que yo he estado endeudado y he conseguido salir adelante y liberarme de las deudas. Este libro es mi intento de compartir los conocimientos que he adquirido a lo largo de los años y apoyarte en tu camino hacia la libertad financiera.

Presupuesto

El proceso de equilibrar nuestros ingresos con nuestros gastos se llama presupuesto. Es una forma de planificar la gestión de nuestros gastos y de nuestro dinero. Nos permite planificar los gastos futuros y nos da una idea para priorizar nuestros gastos, ahorrar dinero para necesidades futuras y mantenernos sin deudas. Muchos de nosotros pensamos que el presupuesto consiste en gastar menos, mientras que su objetivo real es gastar menos de lo que ganamos.

Para mantener nuestras finanzas en orden, debemos aprender a gastar menos de lo que ganamos. Por ello, debemos planificar y trazar nuestros gastos. De este modo, podemos prever nuestros gastos y ahorros. Hay que tener siempre un registro realista de los gastos y ser honestos con respecto a los ingresos y los gastos, ya que esto puede ayudar a la planificación financiera a largo plazo y a mantenernos sin deudas. La planificación financiera nos permite cumplir nuestros objetivos a corto y largo plazo, como comprar un vehículo, ir de vacaciones o comprar una casa, y planificar nuestra jubilación. Hay que planificar y conocer siempre los gastos. No prestar atención al presupuesto puede conducir a facturas impagadas, tarjetas de crédito al límite, deudas y, sobre todo, estrés mental.

. . .

Una buena planificación financiera tiene muchas ventajas: buenas vacaciones, cenas con amigos y familiares, pago de préstamos, fondos de emergencia para gastos inesperados como facturas médicas, dinero de reserva en caso de perder el trabajo. Todo esto puede ocurrir si se hace un buen presupuesto, y todo lo que hay que hacer es seguir sus gastos semanales o mensuales, anotarlos y seguir y controlar cualquier gasto inusual.

La elaboración de un presupuesto también nos hace conscientes de los malos hábitos de gasto. Le ayudará a reconocer un patrón si está gastando en artículos que no necesita. Por ejemplo, le hará preguntarse si realmente necesita ese décimo par de zapatos o pedir comida cinco noches seguidas. La elaboración de un presupuesto le obligará a replantearse sus hábitos de gasto y a volver a centrarse en sus objetivos financieros.

¿Cuántos de ustedes han pasado noches de insomnio preguntándose cómo saldar la factura de la tarjeta de crédito que hace tiempo que se debe o cómo conseguir fondos para una emergencia repentina? La gente pierde la paz mental y el sueño por el estrés financiero. No permitas que el dinero te controle; en su lugar, aprende a controlar tu dinero. La elaboración de un presupuesto le ayuda a recuperar el control y le devuelve el sueño.

. . .

Consejos de presupuesto

La elaboración de un presupuesto puede parecer complicada pero, por el contrario, no lo es si sabemos a dónde va nuestro dinero. Se trata de conocer las necesidades y los gastos. No importa lo que uno gane; hay que saber asignar sus fondos de la mejor manera posible. Incluso si nuestras finanzas están en buena forma y ordenadas, una buena presupuestación puede sorprendernos permitiéndonos descubrir algunos problemas ocultos en las finanzas y ayudarnos a gastar y ahorrar de forma más inteligente. Antes de empezar a presupuestar, debemos pensar en los objetivos futuros. ¿Qué queremos conseguir en los próximos años con el dinero? Puede tratarse de un plan para crear un negocio propio, casarse, formar una familia, pagar los préstamos o mudarse a una nueva ciudad/país. Al mismo tiempo, es importante que tengamos también planes a corto plazo.

El primer paso para elaborar un presupuesto es tener intenciones. Tener intenciones concretas y claras le ayudará a planificar su presupuesto de la mejor manera, y es más probable que se atenga al plan. Al principio, puede parecer difícil y confuso. Recuerda siempre que debes empezar por lo básico.

. . .

A continuación, hay que anotar los gastos fijos y variables, como el alquiler/préstamo de la casa, los comestibles, los gastos de viaje y las suscripciones. Se puede hacer manualmente o utilizar programas y aplicaciones como Mint, Personal Capital y otras para introducir los datos (Dore, s.f.). La ventaja de estas aplicaciones es que analizan los datos y los presentan en diferentes secciones. Este análisis ayudará a comprender mejor tus hábitos de gasto y también puede servir de recordatorio para seguir el camino correcto (Vowinkle, 2009).

Una vez creado el presupuesto, llega la parte complicada de su seguimiento. Este seguimiento desempeña un papel fundamental en tus futuros planes financieros.

Hay que hacer un seguimiento mensual del presupuesto durante al menos tres o seis meses. Este seguimiento le ayudará a identificar los puntos débiles de su presupuesto, y entonces se podrán tomar las medidas adecuadas para recortar o añadir la cantidad en algún segmento concreto.

Hay que evitar hacer grandes cambios o recortes en el presupuesto en los primeros meses, ya que los cambios deben ser graduales.

. . .

El presupuesto puede ajustarse más en el futuro. Recuerda la regla de que está bien gastar más en un segmento determinado, pero asegúrate de ajustarlo dentro del presupuesto en lugar de poner más de tu bolsillo.

Para progresar en los hábitos financieros correctos, hay que seguir fijando objetivos a corto plazo y asegurarse de cumplir los planes presupuestarios. No te olvides de recompensarte por alcanzar un determinado objetivo: por ejemplo, si has conseguido el objetivo que te habías marcado para la compra, date un capricho con una buena cena en un restaurante. No puedes reducir tus facturas fijas, pero asegúrate de buscar ofertas o rebajas en Internet para comprar, hacerte socio, etc. Esta práctica puede hacer que consigas buenas ofertas y también que ahorres mucho dinero.

Utiliza una hoja de cálculo del presupuesto para tenerlo todo organizado. Puedes hacer un seguimiento categórico de dónde gastas más y de dónde puedes reducir los gastos.

Si te desvías de tu presupuesto, sin duda significa que estás gastando más de la cuenta. La hoja de presupuesto le ayudará a identificar las áreas que le preocupan.

Hay varias formas de gastar más de la cuenta; conocer la categoría en la que se ha gastado más de la cuenta le ayudará a controlarla y a mantener sus objetivos en el buen camino.

No es aconsejable tener "dinero de plástico" (es decir, tarjetas de crédito y débito), pero en el acelerado mundo actual, tener dinero de plástico es más cómodo que llevar dinero en efectivo a todas partes. Al utilizar dinero de plástico, un poco de investigación puede ayudar mucho.

Ten en cuenta el tipo de interés que los bancos cobran por la tarjeta de crédito y los gastos anuales de mantenimiento. La mayoría de los bancos ofrecen puntos de fidelidad en sus tarjetas de crédito. Estos se pueden canjear por vales que se pueden utilizar para comprar, cashback, etc. En algunos casos, si pagas el importe gastado en la tarjeta de crédito antes de que se genere el extracto, puedes evitar que te cobren intereses por el uso de la tarjeta de crédito. Si es posible, no utilices las tarjetas de crédito durante un tiempo; la facilidad de comprar cualquier cosa en línea a través de las tarjetas de crédito/débito a menudo da lugar a la compra de cosas que quizá no necesitemos y provoca un gasto excesivo. Se puede optar por las viejas formas tradicionales de gastar dinero utilizando el efectivo. Puede que no sea una forma rápida, pero tiene sus ventajas.

Cuando se utiliza el dinero en efectivo para comprar productos y servicios, se es consciente de los gastos y uno se sorprende al ver cuánto se ha ahorrado.

Planifica siempre, ya sea el compromiso, el matrimonio o la formación de una familia, porque no es fácil para tus finanzas. Trabaja en tu línea de tiempo hacia atrás para ver cuánto necesitas ahorrar cada mes para que ese evento se produzca sin problemas.

Los matrimonios pueden combinar sus finanzas, pero siempre con transparencia y responsabilidad hacia sus finanzas y presupuesto. Al igual que una cuenta alternativa, abran una cuenta conjunta, pongan allí sus ahorros y fondos de emergencia, y manejen una sola cuenta de gastos para tener la máxima claridad y hacer un seguimiento de sus gastos. Como pareja, asegúrate de hablar a menudo de tu presupuesto y de tus objetivos financieros, ya que compartir la misma visión te facilitará la consecución de las metas. No olviden divertirse juntos -salir al cine y a cenar- pero asegúrense de no gastar más del presupuesto asignado.

Ahorra antes de comprar cualquier cosa, como una moto o un coche.

. . .

No dudes en comprar un vehículo de segunda mano, pero asegúrate de que los expertos lo revisen a fondo. Investiga bien y negocia bien ya que esto te ayudará a hacer un buen trato. Como alternativa, siempre puedes utilizar el transporte público, ya que no sólo te ahorrará tiempo, sino que también ahorrarás dinero en el seguro del coche, en el combustible y también reducirás tu huella de carbono.

Nunca olvides los impuestos. Son dolorosos de pagar, pero pueden ser peores si no se pagan. Tenga un buen contable a su lado y determine la cantidad de impuestos que hay que pagar y asigne los fondos en consecuencia en su presupuesto. Planifica el futuro y ten preparados tus impuestos con antelación para los próximos meses o trimestres.

Revise constantemente su presupuesto, ya que puede fluctuar cada mes; algunos meses las facturas pueden ser altas, otros pueden ser bajas. Revise y ajuste su presupuesto para maximizar sus ahorros. Tu presupuesto siempre jugará un gran papel en tu vida, no importa en qué momento de tu vida te encuentres. Es la primera línea de defensa y la autopista hacia tu libertad financiera.

Planifícalo bien y cúmplelo.

2

Vivir Dentro De Tus Posibilidades

ESTE MANTRA ES la forma más fácil de vivir una vida sin estrés. Significa simplemente que hay que gastar menos de lo que se gana. Para algunas personas es más fácil decirlo que hacerlo. En la era del dinero instantáneo, en la que hay empresas que te ofrecen tarjetas de crédito y préstamos personales al instante, es fácil desviarse del camino y empezar a gastar de forma imprudente.

Pero, por desgracia, este comportamiento no es sostenible. Es importante aprender a vivir dentro de tus posibilidades para conocer tus ingresos mensuales y presupuestar tus gastos de forma que te permita alcanzar la libertad financiera.

Comprende cuánto ganas porque ese es tu medio de vida.

La mayoría de nuestras facturas siguen un ciclo mensual.

Si te pagan semanal o quincenalmente, multiplica las nóminas en consecuencia y obtén tus ingresos mensuales.

Esto te ayudará a crear un presupuesto adecuado. Planifica tus gastos y mantenlos por debajo de lo que ganas. La mayoría de nosotros sigue el principio de gastar primero y luego la cantidad que queda se destina a los ahorros. Te aconsejo que hagas lo contrario. En cuanto recibas tu sueldo, reserva un porcentaje de tu dinero para el ahorro.

Puedes hacerlo de forma automática, para que dejes de depender de ese dinero. La cantidad que quede pendiente es ahora tu gasto. Si quieres aumentar tus ahorros, entonces puedes aumentar el porcentaje del ahorro y utilizar la cantidad restante para tus gastos. Este enfoque hará que automáticamente vivas dentro de tus posibilidades ("Vivir dentro de tus posibilidades", s.f.).

Como ya he dicho antes, evita utilizar las tarjetas de crédito.

. . .

No cuentan para tus medios. La mayoría de las veces, la gente no es capaz de mantenerse al día con los pagos, lo que significa que terminan pagando una enorme cantidad de intereses. Además, las empresas pueden suspender tu tarjeta de crédito en cualquier momento, así que definitivamente no puedes confiar en las tarjetas de crédito. Si quieres comprar algo, tal vez un sofá nuevo, ahorra dinero para ello. No puedes comprarlo con una tarjeta de crédito, ya que eso no te servirá de nada.

Aparte de tus ahorros, crea un fondo de emergencia.

Puedes empezar añadiendo entre 100 y 200 dólares cada mes en una cuenta separada para pequeñas emergencias. Lo ideal es mantener hasta seis meses de tu salario como fondo de emergencia. También puedes pensar en formas de aumentar tus ingresos. Puedes pedir a tu empresa un aumento de sueldo o aceptar un nuevo trabajo.

Al final, vivir dentro de tus posibilidades se reduce a controlar tus gastos y a gastar tu dinero de forma inteligente.

Gastos no discrecionales y discrecionales

· · ·

Los gastos no discrecionales son gastos obligatorios que incluyen facturas como la comida, los impuestos, los alquileres y otros gastos fijos. Suelen definirse como necesidades básicas, algo sin lo que no se puede vivir. Por otro lado, los gastos discrecionales son gastos sin los que se puede sobrevivir. No son más que gastos no esenciales.

Las vacaciones y las comidas en restaurantes son algunos de los gastos no discrecionales.

Al crear un presupuesto, empieza por los gastos no discrecionales. La mayoría de estos gastos son fijos y si no se pagan, el hogar dejará de funcionar. Son los gastos discrecionales los que pueden ajustarse en función de su situación financiera. También puede clasificar sus gastos discrecionales en función de su importancia. De este modo, sabrá qué partidas deben eliminarse de su presupuesto durante una crisis financiera.

Puedes seguir la regla 50-30-20 para tu presupuesto, que establece que "el 50% de tus ingresos debe destinarse a los gastos esenciales; el 30% a los gastos no esenciales y el 20% a tus ahorros" (Rakoczy, s.f.).

Ingresos e impuestos

El impuesto sobre la renta es el tipo de impuesto que el gobierno aplica a los ingresos de los individuos y las empresas. Utiliza este impuesto para financiar diversos programas de servicios públicos, programas de desarrollo y bienes para los ciudadanos y otras razones. Es importante entender los fundamentos del sistema tributario para poder planificar su presupuesto en consecuencia.

Impuestos sobre la nómina

El gobierno federal deduce los impuestos sobre la nómina antes de que el salario se acredite en la cuenta de un individuo. En Estados Unidos, el gobierno utiliza esta cantidad para financiar la Seguridad Social y Medicare.

Estos impuestos también se denominan impuestos FICA, ya que son obligatorios en virtud de la Ley Federal de Contribuciones al Seguro. Una parte importante, que asciende al 6,20% de todos los dólares ganados hasta un límite establecido, se destina a la Seguridad Social (también llamada Old Age and Survivors Disability, OASDI), y el 1,45% de todos los dólares ganados, independientemente de sus ingresos, se destina a Medicare. Así pues, su impuesto FICA será del 7,65% de todos sus ingresos, a menos que su cuota de ingresos supere el límite de la Seguridad Social (Guthrie y Nicholls, 2015).

Impuesto Federal sobre la Renta

Además de los impuestos sobre la nómina, existe un impuesto sobre la renta recaudado por el gobierno federal. El sistema impositivo del gobierno federal es progresivo, y cuanto mayor sea el nivel de ingresos, mayor será el tipo impositivo. El gobierno federal también ofrece ciertas exenciones y deducciones para reducir la carga fiscal. Hay ciertas cantidades que no se contabilizan en la renta imponible. Por ejemplo, si se contribuye a un plan de jubilación cualificado, no se gravará. Además, hay ciertas exenciones, deducciones y créditos que también reducen la renta imponible. Estas deducciones se refieren a los gastos sanitarios, los gastos de educación y determinadas inversiones. Las personas con rentas bajas y medias tienen derecho a algunos créditos fiscales, que ayudan a reducir los impuestos que deben pagar. Además de la exención personal, el gobierno también ofrece una deducción estándar. Su situación fiscal, es decir, su situación familiar o matrimonial, influye en su deducción estándar.

Impuesto estatal sobre la renta

Además del impuesto federal, algunos estados también imponen un impuesto estatal.

· · ·

Alaska, Florida, Nevada, Nuevo Hampshire, Dakota del Sur, Tennessee, Texas, Washington y Wyoming son los nueve estados que no imponen ningún impuesto estatal sobre las rentas del trabajo. Sin embargo, New Hampshire y Tennessee gravan los ingresos generados por sus inversiones. Algunos estados tienen un sistema impositivo progresivo o siguen un sistema de tarifa plana con independencia de su nivel de ingresos. Algunas ciudades y condados también imponen impuestos (Blokhin, 2019).

Ingresos frente a gastos

Hay que intentar prestar atención a sus ingresos y gastos y aspirar a estar en el modelo de flujo de caja positivo.

Gastar dinero puede darnos una gratificación instantánea, pero tenemos que entender la diferencia entre querer y necesitar. A menudo acabamos gastando más de lo que necesitamos. Este enfoque suele conducir a elevadas facturas de las tarjetas de crédito, y la mayoría de las veces se tiende a ignorar la deuda, ya que los números negativos siempre nos hacen sentir mal (Mastery, s.f.).

Para mantener un flujo de caja positivo, hay que prestar atención a los ingresos y gastos.

Puede empezar simplemente anotándolos en una hoja de cálculo, un documento de Excel o incluso un papel en blanco.

Revisa bien las facturas de las tarjetas de crédito, los extractos bancarios e identifica todas las fuentes de ingresos como el salario o cualquier modo de ingreso pasivo. A continuación, ten en cuenta todos los gastos, como el alquiler de la vivienda, las cuotas, las facturas, los impuestos, los seguros, los alimentos, etc. Prioriza tus gastos en función de las necesidades y los deseos. Si utiliza una tarjeta de crédito, asegúrese de realizar los pagos a tiempo para evitar pagar los intereses y las comisiones por demora. Este enfoque le ayudará a construir su puntuación de crédito. Una buena puntuación crediticia le ayudará en el futuro si desea pedir un préstamo para iniciar un nuevo negocio, obtener una hipoteca o financiar más estudios académicos. Para mantener o aumentar su flujo de caja positivo, puede buscar un trabajo mejor pagado o invertir en ingresos pasivos como negocios, acciones y bonos. Estas opciones de inversión tardan en dar resultados, así que la forma más rápida de aumentar tu flujo de caja positivo es reducir tus gastos. Por ejemplo, coger el transporte público para ir al trabajo puede ser una mejor opción que viajar en coche, ya que puedes ahorrar tiempo, combustible y una buena cantidad de dinero cada mes.

. . .

Priorizar sus gastos siempre le hará la vida más fácil. Se pueden seguir unos sencillos pasos como los que se describen a continuación.

Puedes invertir el 55% de tus ingresos en necesidades que pueden incluir el alquiler de tu casa, los comestibles, las facturas de internet/móvil, las facturas de las tarjetas de crédito y los servicios públicos. Puedes destinar el 10% de tus ingresos a ahorros a largo plazo que pueden incluir la planificación de tu jubilación o una emergencia médica. Invierte otro 10% en educación financiera y actualízate en el manejo de los aspectos financieros de tu vida.

Consigue un mentor, asiste a seminarios y aprende a invertir dinero para generar ingresos pasivos. Esta inversión te ayudará a largo plazo a mantener un flujo de caja positivo. Otro 10% de tus ingresos puede destinarse a crear un fondo de emergencia que te permita la libertad financiera. Invierte este dinero en la compra de acciones, bonos y bienes inmuebles. En esta inversión es donde tu educación financiera jugará un papel importante. Tanto la educación como los planes de inversión no sólo te ayudarán a ganar algo de dinero extra, sino que también podrían sacarte de las deudas. Invertir en educación te ayudará a aprender sobre finanzas y trucos de inversión.

. . .

Por lo tanto, te equipará para hacer la inversión correcta tanto a largo como a corto plazo, asegurando un flujo de caja positivo regular.

No olvides recompensarte por toda la planificación y el duro trabajo que haces, así que guarda otro 10% para la diversión. Utiliza este fondo para socializar con amigos y familiares, salir a cenar, ir al cine o hacer compras para ti.

Asegúrate de ceñirte a tu plan y no gastar más de la cuenta.

Guarda un cinco por ciento de tus ingresos para comprar regalos, ya que dar es importante. Es una especie de terapia que te da una sensación de abundancia y te hace sentir bien. Además, este aspecto hará que los demás sepan que te va bien en tu vida.

Ser consciente de tu dinero te ayudará a tomar el control de tu vida, de modo que la elaboración de un presupuesto se convierte en un buen hábito que te hace estar libre de estrés y financieramente seguro.

. . .

Ceñirse al presupuesto que se ha creado es el paso más difícil en la elaboración de un presupuesto.

Muchos de nosotros creamos un presupuesto con buenas intenciones, lo seguimos durante un tiempo, pero nos falta la buena disciplina para seguirlo a largo plazo, y por ello perdemos el control sobre nuestro presupuesto. A menudo se considera que la elaboración de un presupuesto personal significa aplicar restricciones al gasto, pero en realidad, simplemente hay que llevar un control de los gastos mensuales para que el presupuesto sea efectivo. Para tener un buen presupuesto, uno debe tener claros sus objetivos financieros. Aprenda a vivir dentro de sus posibilidades. Eso significa simplemente no gastar más de lo que se gana y no endeudarse.

Centrarse en tener una buena puntuación de crédito es un parámetro para medir su salud financiera. Hay que procurar tener una puntuación de crédito superior a 800, ya que ayuda a obtener préstamos fáciles. Cuanto mayor sea la puntuación de crédito, menor será el tipo de interés aplicado a su préstamo, lo que se traduce en menores pagos mensuales del mismo. Para alcanzar una buena puntuación de crédito, no necesitamos tomar ninguna medida extraordinaria.

. . .

Debemos procurar pagar nuestras facturas mensuales a tiempo, evitar cualquier retraso en los pagos y pedir préstamos personales sólo cuando haya una necesidad real. Estos pasos ayudarán a evitar los intereses de la tarjeta de crédito y también las comisiones por demora. Prepare un fondo de emergencia que le ayude en cualquier urgencia médica o que le sea útil si pierde su trabajo en una recesión. Un buen presupuesto le permitirá llevar una vida cómoda y feliz.

La senadora Elizabeth Warren (profesora de derecho de Harvard cuando acuñó el término) y su hija, Amelia Warren Tyagi, en el libro All Your Worth: The Ultimate Lifetime Money Plan, popularizaron la regla del 50/30/20 para los presupuestos (Vansomeren, 2011). De esta manera uno puede asignar sus fondos en tres categorías: necesidades, deseos y objetivos financieros.

Antes de aplicar esta regla, debes entender cómo funciona y también sus limitaciones, ya que es solo una idea para planificar tu presupuesto, pero no hará un seguimiento del mismo.

El 50% incluye el alquiler, los alimentos y los servicios públicos (electricidad, agua, teléfono, etc.).

· · ·

El 30% incluirá cosas que desees y no que necesites, como vacaciones, pasatiempos, salidas a cenar, suscripciones a Netflix, televisión por cable, etc.

El 20% se destina a las necesidades de tus objetivos financieros y los gastos que aliviarán tu estilo de vida, como el ahorro, la inversión o el pago de deudas, son los deseos.

Asigna tus ingresos mensuales a cada categoría de gastos y también asigna para seguir la regla 50/30/20, sigue el 20% inferior para tus ahorros, que también incluye pasos: tu fondo de emergencia.

Haga un seguimiento de sus gastos y realice los cambios necesarios si supera el umbral.

Esta regla suele funcionar porque la gestión de las finanzas puede ser un poco confusa e intimidante, pero esta sencilla regla ayuda a asignar fácilmente los fondos a su presupuesto mensual. Puede empezar con esta sencilla regla, pero recuerde graduarse con su presupuesto y su seguimiento, ya que esta regla puede tener también algunas zonas grises, y puede ser un poco difícil clasificar sus gastos en estas tres categorías.

$\cdot$ $\cdot$ $\cdot$

Por ejemplo, algunos comestibles podrían entrar en la categoría de "deseo", como un bocadillo poco saludable, comida basura, calcula tus ingresos mensuales, incluyendo tu salario, intereses y cualquier otra fuente de ingresos. Reste los impuestos sobre la renta estimados de su suma total. En caso de que su empresa le proporcione una prestación 401(k), es posible que quiera igualar la contribución, así que reduzca ese componente de sus ingresos netos.

Anota los gastos y divídelos en dos categorías: necesidades y deseos. Los gastos sin los cuales tu hogar dejará de funcionar entrarán en la categoría de refrescos o bebidas alcohólicas. Además, el 20% de los ahorros puede no ser suficiente, sobre todo si tienes grandes planes de futuro como comprar una casa o montar un negocio. Esta regla puede ser útil para empezar, pero asegúrate de seguir formándote en finanzas y presupuestos y pasar a un plan mejor para planificar tus finanzas.

Pasos para hacer un presupuesto personal

Hasta ahora, hemos aprendido que el presupuesto personal es un medio para equilibrar tus ingresos y gastos, y a su vez, puede ayudarte a alcanzar tus objetivos financieros a largo plazo.

Es una forma sencilla de no gastar más de la cuenta y también de mantener tus finanzas en números rojos.

Antes de empezar a crear un presupuesto, primero debes decidir el modo que quieres utilizar, puede ser una simple hoja de Excel o una aplicación de presupuestos.

Aquí tienes unos sencillos pasos que puedes seguir para crear tu presupuesto:

Ponga todos sus documentos financieros sobre la mesa, incluyendo:

Nóminas

Recibos de alquiler

Facturas de servicios públicos

Detalles de la inversión

Cualquier documento relacionado con la hipoteca

Facturas de tarjetas de crédito

Cualquier otro documento que esté relacionado con los ingresos o los gastos. Estos documentos nos ayudarán a determinar nuestra media mensual.

. . .

Calcule sus ingresos totales. Si tienes nóminas regulares, el sueldo que te llevas a casa será un ingreso regular.

Aparte de esto, añade también si tienes intereses procedentes de tus inversiones o algún tipo de ayuda financiera que te proporcionen regularmente. En el caso de los autónomos, los ingresos más bajos de un mes pueden ser la base de su presupuesto.

En cuanto a los gastos, cree dos subcategorías: no discrecionales (fijos) y discrecionales (variables).

En sus gastos fijos, añada las partidas sin las cuales el hogar dejará de funcionar. Esto puede incluir los alquileres, la hipoteca, las facturas de servicios públicos, los depósitos en cuentas de ahorro, los fondos de emergencia, las primas de seguros y las facturas de tarjetas de crédito.

Sume el total y dedúzcalo de sus ingresos. La cantidad restante puede utilizarse para los gastos variables.

A continuación, haz una lista de tus gastos variables, como facturas de restaurantes, clases de gimnasia, compras de ropa y otros gastos que no sean fijos. Esto te dará una estimación aproximada de tus hábitos de gasto.

Suma tus ingresos y tus gastos. Si el total de tus gastos fijos y variables es superior a los ingresos, significa que vives por encima de tus posibilidades y que debes ajustar tus gastos variables. Si tus ingresos son mayores que tus gastos, es bueno, ya que eres positivo. Puedes ahorrarlo para el futuro o utilizarlo para pagar alguna deuda.

Ajuste sus gastos para asegurarse de alcanzar sus objetivos financieros a largo plazo. Ajustar sus gastos variables es más fácil en comparación con los ingresos fijos. En el caso de los gastos variables, puede cancelar su suscripción al gimnasio o reducir el número de comidas en restaurantes.

En el caso de sus ingresos fijos, puede ajustar sus facturas de electricidad ajustando sus termostatos, o si está pagando un alquiler más alto, puede trasladar el ejercicio, si todavía tiene algo de dinero a un lugar con un alquiler más bajo. pendiente, puede añadirlo a sus ahorros o pagar la factura de su tarjeta de crédito. La lógica es que si tiene unos cuantos dólares pendientes y los ha asignado a una categoría, será Ahora sabemos cómo crear el presupuesto.

$\bullet \quad \bullet \quad \bullet$

A continuación, le presentamos algunas estrategias que le ayudarán a utilizar su presupuesto de forma adecuada.

La regla 50/30/20: Ya hemos conocido en detalle esta regla en la que el 50% corresponde a tus necesidades, el 30% a tus deseos y el 20% a tus ahorros.

El presupuesto basado en cero es una forma de presupuestar en la que el dinero neto que queda en su presupuesto (no en su cuenta) después de deducir los gastos de sus ingresos es cero.

Básicamente, cada dólar de tus ingresos se contabiliza con algún gasto. Cada tipo de emergencia o posible factura debe ser contabilizada. Al final de no sabría en qué se ha gastado. Esto anularía el propósito de crear un presupuesto.

Existe otra estrategia denominada sistema de sobres. Es algo similar a la presupuestación de base cero. Es un enfoque más tradicional, ya que se utiliza el dinero en efectivo para gestionar los gastos. Básicamente, a principios de mes, creas sobres separados para las diferentes categorías de gastos que hayas creado.

. . .

Cada sobre tendrá dinero en efectivo y el nombre de la categoría escrito en él. Si el dinero del sobre se acaba, significa que no puede gastar más dinero en esa categoría.

Aparte de estas estrategias, he aquí algunos consejos más para ayudarte en este viaje:

Si sólo le pagan una vez al mes, entonces divídalo en una base semanal y utilice otra para guardar el dinero adicional para las semanas restantes.

Evalúe su presupuesto a final de mes, para poder añadir cualquier gasto adicional que no se haya tenido en cuenta. Ajusta tu presupuesto si es necesario.

Automatice los pagos de los gastos importantes, como el alquiler, los ahorros, los fondos de jubilación y las hipotecas, de modo que no lo haga de vez en cuando para asegurarse de que no se le cobra de más en un momento dado.

Utiliza la tarjeta de crédito sólo si tienes dinero para pagar la factura a final de mes. No querrás gastar en pagar los enormes intereses de la tarjeta de crédito.

. . .

Dedica dinero a actualizar tus conocimientos financieros para que puedas hacer que tu dinero gane por ti. Consulta las distintas herramientas de inversión que pueden ayudarte en este proceso.

Si tiene que hacer recortes en alguna categoría de gasto variable, no lo haga de golpe y porrazo, ya que no es sostenible. En su lugar, haz cambios pequeños y graduales, para que tu presupuesto tenga tiempo de absorber la diferencia y no omitir estos gastos por error. Tu presupuesto no es una línea fija en piedra.

No pierdas de vista los pagos automáticos Las circunstancias cambian y tus deseos pueden convertirse en necesidades o viceversa. Cada pocos meses, siéntese y revise su presupuesto. Haz los cambios necesarios y asegúrate de que se cumplen tus objetivos financieros a largo plazo.

Recuerde que debe hacer que su presupuesto trabaje para usted.

3

Gestión De La Deuda

A VECES, las personas tienen que endeudarse por diversas razones. La gestión de las deudas consiste en gestionarlas.

Normalmente, los préstamos garantizados, como las hipotecas y los préstamos para automóviles, no entran en esta categoría. Puedes contratar a un experto o intentar gestionarlos por tu cuenta. En primer lugar, haga una lista de sus deudas, empezando por la más baja hasta la más alta.

A continuación, intente saldar las deudas más pequeñas, ya que esto le dará un impulso psicológico de que puede saldar sus deudas.

· · ·

Luego, en el caso de las deudas más grandes, negocie con su acreedor para desglosarlas en pagos mensuales, reduzca el tipo de interés o, en el caso de las tarjetas de crédito, compruebe si puede transferirlas a otra tarjeta con tipos de interés más bajos. En las próximas secciones, entenderemos la psicología de la deuda y cómo gestionarla, así como los detalles sobre la puntuación de crédito y cómo salir de las deudas.

La psicología de la deuda del consumidor

Hay varios factores que impulsan el comportamiento de las deudas. Hay tres tipos de deudores: los no deudores son personas que no deben dinero a ninguna empresa, los deudores leves retrasan a veces sus pagos y los deudores graves son personas que han sido demandadas por los acreedores. Aparte de los factores económicos y demográficos, los factores psicológicos desempeñan un papel fundamental en el comportamiento de los consumidores en el caso de los deudores graves. Se ha llevado a cabo un estudio para comprender los factores psicológicos, y lo discutiremos aquí.

Fácil aceptación de la deuda por parte de la sociedad

· · ·

La actitud de la sociedad moderna hacia la deuda se ha vuelto más aceptable en comparación con épocas anteriores. La deuda ya no se considera un tabú, pero de alguna manera se ha desarrollado una cultura que permite que esta actitud florezca. Se ha observado que los deudores serios prefieren vivir en una sociedad donde la deuda es más común y aceptable en comparación con los no deudores.

La cultura familiar frente a la deuda

El endeudamiento es más frecuente en las personas que han tenido un historial de préstamos en sus familias. Estas personas desarrollan una mayor tolerancia a los préstamos. Si los padres han tenido una historia de éxito con las deudas, es probable que uno se vea influenciado y siga el mismo camino.

Actitud comparativa

Esta actitud proviene de la compañía que uno mantiene.

Si uno tiende a referirse a las personas con mayores fuentes económicas para financiar su rico estilo de vida, esa persona está destinada a caer en la trampa viciosa de la deuda. Existe un término para este tipo de actitud: Se llama "Mantenerse al día con los Jones". Este tipo de actitud está más orientada al estatus y la persona deja de seguir cualquier comportamiento lógico. La mayoría de las veces, las personas no se dan cuenta de que están representando ese comportamiento a menos que sea demasiado tarde; en cambio, huyen de la realidad. Son grandes derrochadores y creen en exhibir su riqueza.

Estilos de gestión del dinero

Gestionar el dinero adecuadamente define la base de un buen presupuesto y ayudará a llevar una vida cómoda. Pero, por desgracia, en el caso de los deudores, carecen de las habilidades básicas para gestionar sus ingresos y gastos. Un no deudor suele preferir ahorrar dinero para satisfacer sus deseos en lugar de pedir un préstamo o utilizar una tarjeta de crédito. Por otro lado, los deudores pedirán un préstamo aunque tengan ahorros. No se dan cuenta de la cantidad de intereses que tendrán que pagar para financiar este deseo. Se ha comprobado que los deudores graves tienen un estilo de gestión del dinero débil. Suelen tener pocos conocimientos financieros y una vaga comprensión de cómo se endeudaron. En su mayoría, no invierten en bonos ni en mercados de acciones.

· · ·

Tienden a evitar las discusiones sobre el dinero y no hacen un seguimiento de dónde lo gastan. Tienden a gastar en exceso y acaban endeudándose. Viven con una actitud de vivir el presente y gastar todo el dinero que tienen.

Patrones de compra

Unas pautas de compra inadecuadas pueden afectar gravemente a su presupuesto y hacerlo fracasar de forma épica. La gente entra en crisis financiera porque no es capaz de diferenciar entre deseos y necesidades. Normalmente, lo que la gente considera como productos de lujo, lo considera como una necesidad y acaba comprando los artículos o servicios. Este comportamiento también está relacionado con una actitud comparativa. Compran artículos caros para sí mismos o para sus hijos, sobre todo durante los festivales y las vacaciones. Empiezan a compararse con los demás y piensan que lo que todos compran es importante y necesario. Este comportamiento se observa en comparación con su grupo de referencia.

Las personas con este tipo de actitud son incapaces de decir que no a sus hijos y, a cambio, no les enseñan la importancia del dinero.

· · ·

Horizontes temporales

Normalmente, en situaciones ideales, las personas tienen en cuenta el futuro al tomar sus decisiones de gasto.

Aumentarían su consumo tanto en calidad como en cantidad con el paso del tiempo. Algunas personas se enfrentan a limitaciones presupuestarias y, por tanto, no pueden aumentar su capacidad de gasto. Pero a veces, la gente ignora esta limitación y pide dinero prestado para mantener sus hábitos de compra. Es menos probable que ahorren y gasten más.

Sensación de control sobre los acontecimientos externos

¿Predijiste que nos afectaría una pandemia, o puedes predecir si mantendrás tu trabajo? No, no puedes predecir esas cosas porque son factores externos sobre los que no tienes ningún control. Pero hay algunas personas que tienden a creer que tienen un gran control sobre los acontecimientos externos. Esta sensación de control también se llama "locus de control". Las personas con un mayor sentido de este control son más propensas a endeudarse. "Las personas con un locus de control fuertemente externo eran más propensas a endeudarse.

Dado que la deuda está asociada a la pobreza, y que las personas más pobres tienden a dar razones externas a los fenómenos económicos como la pobreza y el desempleo, la causalidad puede ir en sentido contrario. En cualquier caso, sin embargo, debería haber una correlación positiva entre el locus de control externo y la deuda" (Lea et al., 1995).

4

Deudores Y No Deudores

Cualquier persona o empresa que deba dinero se convierte en deudor. Si uno no paga a tiempo, se enfrentará a grandes penalizaciones, altos tipos de interés y un descenso en su puntuación crediticia. Quien paga por el servicio o el producto no se considera un deudor.

Tenemos los diversos factores que impulsan el comportamiento de un deudor. En un estudio, los investigadores hablaron de los factores sociológicos que diferencian a los deudores de los no deudores. Hablaron de factores como la actitud hacia el dinero, los acontecimientos de la vida, el control percibido sobre las finanzas y otros factores que afectan al comportamiento. Entenderemos las principales diferencias de comportamiento entre un deudor y un no deudor (Livingstone & Lunt, 1992).

. . .

Se observó que las familias con más hijos tenían menos problemas de endeudamiento, ya que tienen que ser más conservadoras y vivir con un presupuesto fijo con un margen mínimo para gastos adicionales. Además, como sus demandas eran más previsibles y constantes, intentaban evitar endeudarse.

Las personas endeudadas tienen menos ahorros en comparación con las que no tienen ninguna deuda. Esta diferencia indica que los deudores tienden a gastar más en comparación con el ahorro. Esta actitud aumenta su endeudamiento. Otra posibilidad es que los deudores suelen haber utilizado todos sus ahorros y por eso recurren a endeudarse más.

La otra gran diferencia es que los deudores piensan que los préstamos y las tarjetas de crédito son una necesidad en los presupuestos modernos. No sólo satisfacen sus necesidades sino también sus deseos y se endeudan más.

Por otro lado, los no deudores ven las deudas con desdén y hacen todo lo posible por evitarlas. Siguen el enfoque de ahorrar suficiente dinero para satisfacer sus necesidades y deseos. En caso de que les falte dinero, prefieren retrasar sus deseos antes que pedir un préstamo o utilizar una tarjeta de crédito.

Los deudores y los no deudores también difieren en su estrategia presupuestaria. Los deudores suelen carecer de autocontrol y tienen un presupuesto flexible. Lo cambian en función de la elección y las exigencias. Los no deudores tienen un presupuesto bastante detallado y se esfuerzan por ceñirse a él bajo cualquier circunstancia.

Mantener un enfoque flexible le empujará hacia los préstamos y, por tanto, a perder el control sobre su presupuesto.

Otra diferencia importante es que las personas que piden préstamos con más frecuencia tienden a disfrutar más de las compras, ya que creen en los regalos y los sobornos.

Discuten sobre el dinero en su círculo social, pero la discusión está más relacionada con la falta de dinero que puede ayudarles a comprar ciertos servicios y productos para mejorar su estilo de vida. En general, están más insatisfechos con su nivel de vida. En cambio, los no deudores no recurren al soborno ni a los regalos. Están más satisfechos con su vida y encuentran menos placer en las cosas materialistas.

¿Qué es lo que lleva a un mayor endeudamiento?

El segmento de los créditos al consumo y los préstamos personales ha experimentado un notable aumento.

Ya no está mal visto pedir un préstamo o utilizar una tarjeta de crédito. La gente ha comprado casas pero no ha sido capaz de mantener las cuotas, con el resultado final de que la casa es embargada por el acreedor. Utilizar las tarjetas de crédito para mantener el estilo de vida actual con las facturas acumuladas se ha convertido en algo bastante común. Sin embargo, hay una parte de la población que ha gestionado bien su presupuesto, tiene una puntuación de crédito decente y consigue saldar su deuda a tiempo. ¿Qué impulsa esta diferencia en el comportamiento de los consumidores y qué lleva a aumentar el importe de la deuda? En esta sección trataremos de responder a estas preguntas.

Hemos visto por qué la gente se endeuda; ahora veremos algunas razones por las que algunas personas se endeudan mucho y pueden tener que declararse en quiebra.

Los gastos médicos son una de las principales razones por las que la gente se endeuda. Si alguien padece una enfermedad rara o grave, puede tener que pagar facturas por valor de miles de dólares.

En algunos casos, a pesar de contar con un trabajo y un seguro médico, la liquidación de estas facturas requiere que las personas utilicen sus ahorros y se endeuden para liquidarlas. Una vez agotados todos estos recursos, la declaración de quiebra puede aparecer como la única opción que queda.

Perder un trabajo puede poner sus finanzas bajo mucho estrés. Especialmente durante la reciente pandemia, muchas personas perdieron sus empleos debido al cierre prolongado en muchos estados. A veces, las personas no recibieron indemnizaciones por despido y acabaron utilizando sus ahorros. La situación puede empeorar si uno no tiene un fondo de emergencia. Utilizar las tarjetas de crédito para mantener el barco a flote aumentará la carga de la deuda. En una situación desafortunada, si la gente no puede encontrar un trabajo durante un periodo prolongado, puede que le resulte difícil hacer el reembolso a tiempo y, en última instancia, se endeude mucho.

Una mala gestión del dinero y un elevado uso del crédito para mantener un determinado estilo de vida dificultarán que alguien viva dentro de sus posibilidades. Algunas personas no pueden contenerse a la hora de gastar. Lo compran todo a plazos y con tarjetas de crédito y, al final, este gasto se les escapa de las manos y no son capaces de pagar ni siquiera la cantidad mínima debida.

Esta categoría de personas tiene una sensación de derecho en la que creen que deben tener todo lo que tienen sus amigos o celebrar incluso un pequeño logro, aunque no puedan permitírselo.

Esto no sólo afecta a su puntuación de crédito, sino que les empuja al borde de la declaración de quiebra.

Los asuntos domésticos como el divorcio y la separación pueden suponer una enorme tensión para ambas partes implicadas. Los gastos legales son enormes y las cláusulas de divorcio, como el pago de la pensión alimenticia, la división de los bienes conyugales y la manutención de los hijos, pueden dificultar aún más la situación. En algunos casos, los cónyuges no pagan la pensión alimenticia y la otra parte tiene que recurrir a las tarjetas de crédito y a pedir préstamos.

Causas naturales como los terremotos, los tornados o los incendios pueden dañar las propiedades o destruirlas por completo en algunos casos. Si las casas no están aseguradas contra estas calamidades, se verán abocadas a la quiebra. Así, no sólo se ven despojados de sus posesiones, sino también de sus hogares.

. . .

La mayoría de los propietarios de viviendas no conocen el seguro contra catástrofes, que les proporciona protección contra estas catástrofes naturales y también contra algunas catástrofes provocadas por el hombre, como ataques terroristas o disturbios.

En algunos casos, el endeudamiento comienza al iniciar su vida de estudiantes. Con el aumento de los costes de las matrículas, se ha hecho inevitable que los estudiantes pidan préstamos para financiar sus estudios de grado o posgrado. Esto hace que uno acumule deudas incluso antes de tener los ingresos necesarios para realizar el pago (Smith, 2019).

Para satisfacer sus necesidades diarias mientras es estudiante, uno tiene que recurrir a las tarjetas de crédito o a los préstamos personales si sus padres no están en condiciones de financiar los estudios de sus hijos. Cuando uno termina sus estudios, ya ha acumulado una gran deuda en su hoja personal junto con enormes intereses.

A partir de ahí, es posible que tengas que pedir un préstamo para un coche que te ayude a desplazarte a tu lugar de trabajo.

. . .

Vas a la sala de exposiciones, compras el coche a plazos y, junto con el coche (cuyo valor se deprecia con el tiempo y, por tanto, lo convierte en una compra inútil), habrás añadido otro pago a tu cuenta. Después de esto, una vez que te hayas casado, es posible que quieras tener tu propio espacio. Esto significa que tendrás que hipotecarte y añadir el pago de la cuota de la vivienda al orden creciente de la deuda. En caso de que tus ingresos aumenten, la gestión de estas deudas es posible si gestionas tu dinero adecuadamente. Pero en el caso de que te quedes con el mismo sueldo, puede resultarte difícil pagar la enorme deuda.

Con el aumento de la deuda, su capacidad para obtener un préstamo a un tipo de interés más bajo se reduce y, por lo tanto, tendrá que pagar una gran cantidad de intereses.

Los préstamos con intereses elevados, las pagas limitadas y los pagos de las tarjetas de crédito afectarán a tu flujo de dinero. De este modo, acabas en un círculo vicioso de deudas en el que pedirás préstamos para satisfacer tus necesidades y deseos. Toda esta incoherencia en los reembolsos y los frecuentes préstamos pueden empujarle a declararse en quiebra.

· · ·

Las deudas pueden limitar tu vida tanto física como mentalmente. Según un estudio, el 66% declaró que, debido a la carga de los préstamos, no pudo ahorrar dinero, lo que le ayudará en el futuro, (Staff, 2019). No todas las deudas son malas; si has tomado un préstamo para mejorar tus habilidades o comprar una casa, estas inversiones te ayudarán en el futuro. El problema surge cuando uno no es capaz de mantenerse al día con los pagos regulares y las facturas se siguen acumulando. Hay muchas formas de salir de la situación de endeudamiento, algunas de las cuales se comentarán en la siguiente sección.

Consejos para gestionar la deuda

Hasta ahora hemos conocido las distintas circunstancias y comportamientos que llevan a una persona a pedir dinero prestado. Lo que hay que tener en cuenta aquí es que las deudas no siempre son malas. Si la deuda te ayuda a ganar dinero en el futuro, se considera una buena deuda.

Por ejemplo, si pides una hipoteca para comprar una propiedad o acciones, eso puede aumentar su valor en el futuro y te hará ganar dinero cuando lo vendas.

. . .

Por otro lado, la deuda incobrable no tiene valor económico. No servirá para ganar dinero en el futuro. Esto incluye la compra de ropa de marca, las vacaciones y la adquisición de otros artículos considerados lujosos o no esenciales.

A continuación le ofrecemos algunos consejos para la gestión de las deudas que le ayudarán a administrar mejor su dinero y le ayudarán a ahorrar y a construir su futuro:

Haz una lista consolidada de tus deudas. Incluye detalles como el importe, el tipo de interés, los datos del acreedor, las comisiones por demora, la fecha de vencimiento y las cuotas mensuales. Esta consolidación le ayudará a tener una visión global y a entender mejor sus deudas.

Esto le servirá para abrir los ojos. Calcule su relación entre deudas e ingresos; es decir, divida su deuda entre sus ingresos. Cuanto menor sea el ratio, mejor será tu situación financiera.

Ahora añade tus ingresos y otros gastos habituales.

· · ·

Esto te ayudará a entender tu situación actual en cuanto a tus ingresos, y el dinero que queda después de gastar en la compra de lo esencial.

Comprueba si hay margen para reducir el dinero en lo esencial y cualquier margen que te ayude a pagar tus deudas.

Comprueba si puedes consolidar todas tus deudas bajo un mismo paraguas. Esto le ayudará a reducir el número de intereses y las comisiones por retraso en los pagos.

Gestionar el pago de un solo préstamo será más fácil que hacer malabares con varios pagos. Pero tenga en cuenta el cumplimiento del calendario de pagos, ya que cualquier retraso supondrá pagar más al prestamista.

Si tienes préstamos de varias fuentes, decide qué factura debes pagar primero. Mi sugerencia es que pagues primero las facturas de las tarjetas de crédito, ya que normalmente tienen un alto tipo de interés y pueden aumentar mucho tu deuda.

· · ·

Cree un ciclo para pagar sus deudas mensualmente. Utiliza un calendario de pagos y marca las fechas de tus nóminas y, en consecuencia, marca las fechas en las que realizarás los pagos.

También puedes configurar alertas en tu teléfono o hacer una instalación de pagos automáticos para saldar la deuda. Esta planificación le ayudará a evitar cualquier fallo, los cargos por retraso en los pagos y los elevados cargos por intereses. Los retrasos en los pagos también afectan a tu puntuación crediticia, lo que a la larga repercute en tu capacidad para pedir préstamos.

Hay que tratar de liquidar las facturas pendientes por completo en lugar de pagar sólo el importe mínimo requerido. Si sólo paga el importe mínimo, los intereses se aplicarán a la cantidad restante, sumando el importe pendiente. Pero en caso de que no tenga el dinero, entonces liquide la cantidad mínima, ya que eso le ayudará a evitar los cargos por retraso en el pago. Si no pagas, te será más difícil ponerte al día y, en última instancia, podrías ser considerado un moroso.

Ajusta un poco tu presupuesto y comprueba si puedes hacer algún pago extra en un mes determinado.

· · ·

Este pago extra te ayudará a liquidar tus facturas rápidamente y a reducir la cantidad de intereses acumulados.

Antes de hacerlo, comprueba con tus prestamistas que no hay cargos por pago anticipado, ya que eso anularía tu propósito.

Establece un plan de contingencia en caso de que te despidan del trabajo o surja algún imprevisto que retrase el pago de tu deuda.

Pide ayuda si crees que no eres capaz de gestionar bien tu dinero. Hay muchas agencias de asesoramiento crediticio que ofrecen ayuda para poner en orden tus facturas y ahorros.

Ahora que tenemos a mano algunos consejos para gestionar bien las deudas, vamos a ver la importancia de la puntuación de crédito y cómo mejorarla (Irby, 2011).

Puntaje crediticio y cómo mejorarlo

. . .

La puntuación de crédito es un número que define la solvencia de una persona. Se sitúa en el rango de 300 a 850. Una puntuación de crédito por encima de 700 suele considerarse buena y por encima de 800 se considera excelente. El objetivo principal de cualquier sistema de puntuación de crédito es indicar a los prestamistas el riesgo que puede suponer hacer negocios con usted.

Cuanto más alta sea la puntuación de crédito, más probable será que haga sus pagos a tiempo y menos arriesgado será hacer negocios con usted. Una puntuación crediticia más alta no sólo mejorará sus posibilidades de obtener el préstamo, sino que también mejorará las posibilidades de obtener el préstamo a tipos de interés más bajos. Con el tiempo, incluso una pequeña diferencia en el tipo de interés, puede suponer un ahorro sustancial en los intereses. Por lo tanto, es aconsejable tener una buena puntuación de crédito. Por otro lado, una puntuación de crédito más baja reducirá su capacidad crediticia.

La puntuación de crédito se calcula en función de su historial de crédito, la deuda total, las cuentas abiertas, el historial de pagos y otros elementos. En función de tu puntuación de crédito, los prestamistas deciden si vas a realizar tus pagos de forma puntual en el futuro.

. . .

La puntuación de crédito es el punto de partida; los prestamistas pueden tener su propio mecanismo de calificación y reglas para evaluar al consumidor para los préstamos o la emisión de tarjetas de crédito. Pueden utilizar su historial de empleo, prueba de ingresos y otros factores antes de decidir si le prestan el dinero junto con el tipo de interés. También tienen en cuenta los acontecimientos externos e intentan calibrar cómo afectarán al consumidor estos acontecimientos. Los sistemas de calificación crediticia más utilizados son FICO y Vantage Score.

Fair Isaac Corporation, o FICO, desarrolló el modelo de puntuación de crédito FICO. Es utilizado por muchas instituciones financieras. Crea diferentes tipos de puntuaciones de crédito. Hay una puntuación FICO básica y una puntuación específica por sector. Las puntuaciones FICO básicas pueden utilizarse en múltiples sectores; por otro lado, las puntuaciones específicas del sector son utilizadas por todos los prestamistas y empresas emisoras de tarjetas de crédito. El rango de puntuación excelente es de 750 a 850, y todo lo que esté entre 650 y 750 se considera bueno.

"Cualquier prestamista puede utilizar las puntuaciones FICO base.

· · ·

Los siguientes son algunos factores comunes que afectan a su puntuación de crédito ("¿Qué afecta a sus puntuaciones de crédito?", 2017).

La probabilidad de que un cliente se retrase en el pago puede determinarse mediante estas puntuaciones. Van de 300 a 850. Los prestamistas de automóviles y los emisores de tarjetas de crédito utilizan. puntuaciones FICO específicas del sector. El historial de pagos es uno de los factores más importantes a la hora de determinar su puntuación de crédito. Los pagos puntuales ayudarán a largo plazo a mantener una buena puntuación de crédito. Pague la cantidad mínima adeudada para seguir estando en la buena llamada puntuación de automóviles y de tarjetas bancarias. De nuevo, la probabilidad de que un consumidor se retrase en un tipo de cuenta específico puede determinarse mediante estas puntuaciones. Van de 250 a 900. - libros. El incumplimiento de un solo pago puede

impactar negativamente en su puntuación de crédito. Los prestamistas quieren comprobar que usted cumplirá el calendario de pagos. Su puntuación podría Vantage Score es otro modelo de puntuación que recorre la información sobre su historial crediticio y asigna un valor a destacar también se verá afectado por tener una cuenta enviada a los cobros o por declararse en quiebra.

. . .

La duración del historial de crédito es también otro factor importante. Este contiene la cuenta más nueva, la más antigua y el promedio de todas las cuentas. Cuanto más largo sea el historial, mejor puntuación de crédito tendrá.

La cantidad que debe también afecta a su puntuación de crédito. La cantidad que debe, el número de cuentas propias y el porcentaje del límite de crédito que se utiliza en las cuentas renovables contribuyen a este factor. Se recomienda no utilizar más del 30% del límite de crédito disponible.

La combinación de créditos o los diferentes tipos de cuentas de crédito afectan a su puntuación de crédito.

Esta combinación de créditos incluye las cuentas a plazos y las cuentas renovables.

Cuando toma un préstamo por una cantidad fija y paga una cantidad fija junto con los intereses cada mes, se convierte en un crédito a plazos. Algunos ejemplos son los préstamos para la vivienda, los préstamos para estudiantes y los préstamos personales.

· · ·

En el crédito renovable, obtienes un límite de crédito y tienes que pagar una cantidad mínima, dependiendo del límite que hayas utilizado. Las tarjetas de crédito son un ejemplo de crédito renovable. Manejar bien ambos créditos beneficiará su puntuación.

Abrir nuevas cuentas de crédito o tener

haber hecho algunas consultas de crédito afecta a su puntuación de crédito. Tener demasiadas cuentas o haber realizado muchas consultas aumentará su riesgo y, a su vez, afectará negativamente a su puntuación.

A continuación, veremos cómo FICO y Vantage Score los factores ("¿Qué es una buena puntuación de crédito?", 2019).

FICO utiliza el porcentaje para indicar la importancia de cada factor.

Historial de pagos: 35%

Cantidades adeudadas: 30%

Duración del historial de crédito: 15%

Combinación de créditos: 10%.

Nuevo crédito: 10%.

Vantage Score los califica en función de la influencia de los factores.

Uso total del crédito, saldo y crédito disponible: Extremadamente influyente

Combinación de créditos y experiencia: Muy influyente

Historial de pagos: Moderadamente influyente

Edad del historial de crédito: Menos influyente

Nuevas cuentas abiertas: Menos influyente

Hay ciertos factores que ambas agencias no tienen en cuenta a la hora de determinar la puntuación de crédito ("¿Qué es una buena puntuación de crédito>?", 2019).

La ley estadounidense prohíbe a las agencias utilizar la raza, el color, el estado civil, el sexo, el origen nacional o la religión para influir en su calificación

Edad y su dirección

Su salario y su historial de empleo

Consultas blandas realizadas por empresas de promoción o al comprobar su puntuación

Consejos para mejorar su puntuación de crédito

Realice sus pagos a tiempo y el importe mínimo adeudado si no puede pagar la totalidad del pago. No dejes de pagar en ningún caso. En caso de que pienses que vas a dejar de pagar tu cuota, habla con el acreedor y comprueba si se puede elaborar alguna opción de dificultad.

El índice de utilización del crédito compara su saldo actual y el límite de crédito asignado por el acreedor en el caso de las cuentas renovables. Intente siempre mantener un índice de utilización del crédito bajo, idealmente de un solo dígito.

Si tiene una tarjeta de crédito y no la utiliza, consérvela. No cierre la cuenta, ya que el cierre de la misma afectará a su puntuación de crédito. Esto le ayudará a mantener baja su tasa de utilización del crédito.

Abra cuentas de crédito que se sumarán a su informe crediticio y que, a su vez, serán visibles para las agencias de calificación crediticia. Estas cuentas pueden ser a plazos, como los préstamos para la educación, los préstamos para automóviles y otros, o cuentas renovables, como las tarjetas de crédito.

Solicite un crédito sólo cuando lo necesite, ya que esta petición conllevará una dura investigación. Esta consulta puede afectar ligeramente a su puntuación de crédito.

. . .

En caso de que no tenga tiempo o conocimientos para mejorar su puntuación de crédito, trabaje con los expertos.

Estas empresas de reparación de crédito trabajarán en su nombre, negociarán con los prestamistas y las agencias de calificación crediticia y mejorarán su puntuación de crédito. Puede que le cobren alguna cuota mensual, pero a la larga le resultará beneficioso, ya que mantener una buena puntuación conlleva muchos beneficios.

Hemos visto que mantener una buena puntuación de crédito puede ayudarle a obtener préstamos a tipos de interés más bajos, lo que a su vez le ayuda a ahorrar mucho dinero a largo plazo. Hay múltiples factores que afectan a tu puntuación de crédito, y depende de ti mantener una buena puntuación y poder optar a más opciones de préstamo a un tipo de interés más bajo, si surge la necesidad.

CÓMO SALIR DE LAS DEUDAS PRÉSTAMOS E HIPOTECAS

Según un informe, un estadounidense medio debe aproximadamente 92.727 dólares de deuda total. La deuda incluye hipotecas, préstamos estudiantiles, facturas de tarjetas de crédito y algunos otros préstamos personales (Beat tie, s.f.). Si estás muy endeudado, debes esforzarte por saldar tu deuda.

Tener grandes deudas no sólo es perjudicial para tu presupuesto, sino también para tu salud mental y física. El estrés relacionado con el dinero puede dificultar que trabaje para conseguir tus ahorros futuros. Cuando no tienes deudas, tu nivel de confianza aumenta y te hace tener esperanzas en el futuro.

Decidir salir de las deudas es el primer paso para salir de este agujero. No es una tarea fácil, pero es factible si te lo propones y haces algunos cambios financieros necesarios.

A continuación, hablaremos de algunas formas de salir de las deudas (Beattie, s.f.):

Aborde la situación de su deuda. Reúne todas las facturas, extractos de préstamos, extractos de tarjetas de crédito y cualquier otro documento pendiente. Crea una hoja de Excel y añade cada elemento de la deuda en una columna. Añade tus ingresos de todas las fuentes en la siguiente columna. Esta es tu situación de partida. Defina claramente sus gastos no discrecionales y discrecionales. Si tus gastos no discrecionales superan tus ingresos netos, puede que tengas que mudarte a un espacio más pequeño o reducir tus facturas de servicios.

· · ·

Cree un plan definiendo claramente el orden en que va a pagar la deuda.

Puede tratarse de un préstamo con el tipo de interés más alto o de la cantidad más baja en primer lugar. Haz un plan basado en la prioridad. Además, asegúrate de que mientras pagas una cuenta, debes pagar la cantidad mínima en otras cuentas pendientes, o de lo contrario podrías tener que pagar cargos por retraso en el pago.

No cometa el error de pedir más préstamos para saldar sus otras deudas. Puede conservar sus tarjetas de crédito si no las utiliza, pero recuerde que no debe cerrarlas, ya que eso puede afectar a su puntuación crediticia. Aprenda a vivir dentro de sus posibilidades, ya que añadir más deudas creará más presión en su presupuesto mensual.

Sigue revisando tu presupuesto mensualmente y comprueba si puedes reducir tus gastos en alguna categoría. Piénsalo dos veces antes de hacer cualquier gasto, ya que este enfoque prudente te ayudará a saldar tu deuda.

Comprueba si algún gasto frívolo en el pasado te ha llevado a esta situación. Un enfoque cauteloso te recordará que no debes caer en la trampa de la deuda de nuevo.

. . .

Comprueba la posibilidad de aumentar tus ingresos.

Puedes aceptar un segundo trabajo, pedir un aumento de tu salario actual, vender artículos que no necesites, hacer algún trabajo autónomo o aceptar trabajos esporádicos para aumentar tus ingresos actuales. Esto le ayudará a no tener que utilizar la tarjeta de crédito y a ganar un poco de dinero extra para saldar su deuda.

En caso de que no seas capaz de gestionar bien tus fondos, habla con un asesor de crédito. Le dará consejos útiles, hablará con sus acreedores y negociará con ellos para reducir la deuda. Son los métodos de avalancha de deudas y de bola de nieve de deudas (Kagan, s.f.).

su tipo de interés y tomar las medidas necesarias para liquidar su deuda. Hay que tener cuidado con los honorarios que cobrarán por sus servicios.

El tiempo será esencial en este caso, ya que los retrasos en los pagos aumentarán su carga financiera. Por ejemplo, si no pagas en este mes, el mes que viene tendrás que pagar el doble de la cantidad junto con los gastos de demora, y también la reducción de la calificación crediticia.

.   .   .

No se deje abrumar por la situación. Mantenga la calma y aborde una deuda a la vez.

Este enfoque de un paso a la vez hará que la gestión de su deuda sea más ágil y factible. Lleve un registro de su progreso y, paso a paso, terminará este maratón.

En el método de la avalancha de deudas, una persona paga el importe mínimo de todas las facturas pendientes y el fondo restante a la deuda con el tipo de interés más alto. Una vez pagada la deuda con el tipo de interés más alto, se pasa a la siguiente. Esta práctica se sigue hasta que se liquidan todas las deudas.

Este método ayuda a reducir en gran medida los intereses pagados y, por tanto, el importe de la deuda de forma sustancial. La mayoría de los acreedores utilizan el interés compuesto, que aumenta en función de la frecuencia de los intereses aplicados. Casi todas las compañías de tarjetas de crédito aplican intereses diariamente, lo que lleva a la acumulación de una gran deuda. Así, al liquidar la deuda en función del tipo de interés, reducirá su deuda en gran medida. Pero este método requiere mucho auto-control y disciplina. En caso de que surja algún gasto imprevisto, tu plan de pago de la deuda puede irse al garete. Por lo tanto, se recomienda crear un fondo de emergencia ahorrando durante seis meses y luego iniciar este camino.

· · ·

En el método de la bola de nieve también hay que pagar el mínimo de las deudas, pero hay que destinar los fondos a saldar primero la deuda de menor valor, seguida de la siguiente más grande. Este método aumenta tu confianza y te da la tan necesaria motivación de que puedes liquidar la deuda. Además, es fácil de aplicar, ya que sólo hay que clasificar las deudas en función de su valor y empezar a pagar. Por otro lado, con este método pagarás muchos intereses, ya que la deuda con el tipo de interés más alto sigue teniendo mucho dinero pendiente. Este aumento incrementará el tiempo necesario para saldar las deudas.

El método de la bola de nieve proporciona más tranquilidad mental que económica. La disminución del número de artículos proporciona una gratificación que le mantendrá motivado. Pero en caso de que esté en una misión de tiempo limitado, el método de avalancha funciona para usted. Además, acabará pagando menos en los métodos de avalancha.

Para algunos afortunados, es posible que la cantidad más pequeña tenga el interés más alto, o que el préstamo más alto tenga el tipo de interés más bajo. En este caso, seguirás ambos métodos. Cualquiera que sea su método, debe tener como objetivo liquidar la deuda y centrarse en el ahorro.

En el próximo capítulo, hablaremos de diversas ventajas e instrumentos disponibles para ayudarle a ahorrar y a llevar una vida cómoda a largo plazo.

EL ARTE DE AHORRAR

El ahorro es un proceso en el que se reserva una parte de los ingresos para su uso futuro. Las personas pueden añadir pequeñas o grandes cantidades a este fondo con regularidad o cuando haya dinero disponible. A lo largo de un periodo, se acumula una cantidad razonable que la gente puede utilizar para un objetivo preestablecido o como fondo de jubilación. Según un informe (Rakoczy, s.f.), el 20% de los estadounidenses no tienen ahorros para la jubilación y el 45% de los estadounidenses carecen de preparación en caso de que se agoten sus ahorros para la jubilación. Ningún economista ha dicho nunca que no se deba ahorrar dinero. Nadie ha negado la importancia de ahorrar dinero. Sin embargo, hay toda una parte de la población que no tiene ahorros y no hace nada para mejorar la situación.

. . .

Además de asegurar su jubilación, ahorrar dinero puede darle la flexibilidad financiera necesaria.

En lugar de utilizar una tarjeta de crédito o pedir un préstamo para comprar una casa o cualquier otro bien del hogar, puedes ahorrar dinero para comprarlo y, a su vez, ahorrar dinero en enormes intereses. Además, el ahorro puede ayudarte a cubrir tus necesidades básicas en caso de cualquier emergencia, como la pérdida del trabajo o una urgencia médica.

Ahorrar dinero también le proporciona seguridad financiera y le hace la vida más fácil. Podrás mantener el mismo estilo de vida si tienes ahorros. También puedes asumir riesgos calculados si tienes una gran seguridad financiera. Puedes dedicarte a tu pasión, abrir una nueva cafetería o probar cosas nuevas si tienes algunos ahorros guardados.

Pero antes de entrar en más detalles sobre cómo y por qué se debe ahorrar dinero, debemos entender por qué algunas personas pueden ahorrar dinero u otras creen en vivir en el presente y gastar dinero.

LA PSICOLOGÍA DEL GASTO Y DEL AHORRO

. . .

Nuestra actitud hacia la gestión del dinero está influida la mayoría de las veces por nuestra educación.

A menudo pensamos que ahorrar dinero es la forma correcta de vivir y acabamos sintiéndonos culpables si gastamos dinero. En realidad, un comportamiento extremo de cualquier tipo no es aconsejable. No hay una forma correcta o incorrecta de manejar el dinero, sino que se trata de encontrar un equilibrio entre ambos enfoques.

Un ahorrador ahorra dinero pensando en el futuro. Son buenos con el presupuesto y pueden vivir dentro de sus posibilidades. Pueden vivir cómodamente y siempre buscan la manera de estirar su dinero al máximo.

Conocen los distintos planes de ahorro y pueden ser pacientes cuando se trata de cumplir sus objetivos financieros. Pero este comportamiento también tiene un lado negativo. En casos extremos, a los ahorradores les resulta difícil desprenderse de su dinero y pueden llegar a ser ansiosos a la hora de gastar. Además, su comportamiento puede ser visto a veces como barato y demasiado rígido por los demás. Tienden a olvidar que la vida también es vivir y pueden retrasar la gratificación hasta el punto de irritarse.

. . .

Intentemos entender por qué algunas personas ahorran.

Ahorran por diversas razones, como la jubilación, el matrimonio, la educación de los hijos, el pago inicial de una casa o situaciones de emergencia, como una urgencia médica o la pérdida de un empleo. Ahorran porque creen que el futuro es incierto y que los fondos de emergencia son necesarios para ayudarles a salir adelante con sus gastos de vida. Los ahorradores tienden a arrepentirse si no son capaces de ahorrar.

Consideran las hipotecas de las casas como un ahorro, ya que el valor de una casa tiende a aumentar con el tiempo y, además, pretenden dar sus casas a sus futuros hijos. Hay muchas teorías que afirman que la gente está motivada para ahorrar por razones económicas, con el objetivo de utilizar el dinero en el futuro y poder ganar algunos intereses. La otra razón por la que la gente está motivada para ahorrar dinero es puramente por razones sociales. Han sido educados en el principio del ahorro y, por tanto, se sienten moralmente obligados a ahorrar (Argyle & Furnham, 2021/2013).

. . .

Según una teoría, una persona ahorra dinero con ocho motivos (Argyle & Furnham, 2021/2013):

Para ahorrar para una situación de emergencia.

Como medio para satisfacer futuras demandas, ya que las necesidades serán diferentes con la edad y la situación.

Para obtener más intereses sobre los ingresos.

Para mejorar la calidad de vida en el futuro y aumentar el ritmo de gasto en el futuro.

Para llegar a ser económicamente seguro e independiente, de modo que uno pueda hacer lo que quiera en el futuro.

Ahorrar una cierta cantidad de dinero para iniciar un negocio en el futuro.

Para poder prestar dinero a otros en el futuro.

Actuar como un puro avaro y gastar una cantidad mínima de dinero.

Existe otra teoría (Argyle & Furnham, 2021/2013) que afirma que los hábitos y creencias de una persona sobre el ahorro dependen del grupo de referencia. Si las personas del grupo de referencia tienden a ahorrar mucho dinero, el individuo también actuará de la misma manera. Pero si el grupo de referencia cree en vivir el momento y atiende los deseos de la familia, el individuo también gastará mucho dinero y creerá en la gratificación instantánea (Argyle & Furnham, 2021/2013).

Existe una teoría (Argyle & Furnham, 2021/2013) que está relacionada con la edad y la condición económica del individuo. Se ha observado que los jóvenes y las personas de edad avanzada pueden ahorrar más que las personas de mediana edad. Los jubilados suelen tener menos responsabilidades y por eso pueden ahorrar más. Las personas de mediana edad tienen hijos y tienen que atender sus demandas, por lo que aumentan sus gastos. Los ahorradores habituales ven el crédito como un fracaso. Lo ven como una protección económica y son propensos a asumir riesgos para aumentar sus ahorros.

Por otro lado, los gastadores creen en vivir su vida al máximo y en el presente. Son mucho más relajados y utilizan el dinero también como medio para satisfacer sus necesidades y deseos. Creen en la gratificación instantánea y acaban comprando cosas sólo porque las quieren.

El inconveniente de este comportamiento es que a menudo acaban endeudándose y les resulta difícil salir de ello. Se ponen nerviosos cuando el presupuesto se les va de las manos y sienten remordimientos.

El dinero está destinado a mejorar tu vida. Sí, es importante ahorrar dinero, pero no hay que olvidar que también hay que vivir la vida atendiendo de vez en cuando a los deseos que mejoran la salud mental y física.

· · ·

El truco está en encontrar ese equilibrio perfecto en el que no te sientas agobiado por las facturas de las tarjetas de crédito y no te conviertas en un ansioso Tío Gilito que piensa constantemente en el dinero y se olvida de vivir la vida.

Cómo promover la cultura del ahorro

Según un informe (Urosevic, 2020), el 69% de los estadounidenses tiene menos de 1.000 dólares en su cuenta de ahorros y sólo el 30% de los estadounidenses incluyó el ahorro como parte de su planificación financiera. Esta cifra es preocupante, ya que la pandemia nos ha enseñado que es importante vivir dentro de nuestras posibilidades y ahorrar para los días de lluvia. Hemos visto que los propietarios de pequeñas empresas, las personas que trabajan como autónomos o con sueldos diarios necesitaban sus ahorros para satisfacer sus necesidades básicas.

Hemos visto que el ahorro es más una actitud que un rasgo económico. Hay muchos casos en los que personas con altos ingresos tienen muy pocos ahorros y personas con menos dinero han conseguido ahorrar una cantidad decente. Hay muchos factores y formas de impulsar este comportamiento.

. . .

Las personas pueden mejorar sus conocimientos aprendiendo la mejor manera de gestionar su dinero y crear ese dinero sobrante que puede contarse como ahorro. Esto requiere un enfoque más proactivo para aprender sobre la gestión del dinero en el día a día. Deben procurar ser más disciplinados y organizados en sus gestiones financieras. Recuérdese a sí mismo que debe ahorrar dinero hasta que se convierta en un hábito y le resulte natural.

Enfréntate a tu actitud negativa hacia la gestión del dinero. Los hábitos y las actitudes pueden cambiarse. La gratificación ocasional es aceptable, pero no dejes que el dinero te impulse. Si tu círculo de amigos es más proclive a gastar dinero, esfuérzate conscientemente por no seguirlos.

Reaviva la pasión y la confianza en que puedes vivir dentro de tus posibilidades y, al mismo tiempo, ahorrar dinero para tus objetivos y tu jubilación.

Se trata de dar el primer paso en este viaje. Si eres nuevo en este viaje, empieza con algo pequeño, di no a ese café tan caro en la cafetería y ahorra el dinero que tanto te ha costado ganar. Desafíate a ti mismo y hazte a la idea de que ahorrar es posible y que no es necesario hacer grandes sacrificios. Fija objetivos a corto plazo y realistas, identifica las áreas en las que puedes hacer fácilmente algunos recortes y empieza a ahorrar mientras aumentas tu confianza. Poco a poco, esto no parecerá una tarea sino la forma de vivir.

Desafíate a aprender nuevas habilidades de inversión y haz que tu dinero trabaje para ti. No veas el ahorro como una tarea, sino que hazlo divertido apuntándote a algunas clases y dándote alguna gratificación si has conseguido un objetivo.

En algunos países, el ahorro se enseña desde la infancia.

A los niños se les da una hucha en la que tienen que ahorrar hasta llenarla. Una vez que la hucha está llena, pueden abrirla y utilizarla para comprar un artículo de su elección. Este hábito continúa con ellos también durante la edad adulta y les enseña el autocontrol. Como he dicho antes, los hábitos se pueden cambiar. Así que, en caso de que hayas sido un derrochador hasta ahora, sigue adelante y compra tu primera hucha, empieza a añadir dinero a ella y forma un hábito saludable.

La validación social contribuye en gran medida a que te ciñas a tu objetivo. Informa a tus amigos y familiares de tu nuevo plan de ahorro y pídeles ayuda para que te hagan responsable de seguir el plan. Por ejemplo, si no consigues tu objetivo de ahorro para el mes, recogerás a los hijos de tu amigo durante una semana.

Puedes formar un club de ahorro y asegurarte de que cada mes cada miembro sumará la cantidad acordada durante un periodo de tiempo determinado. Con un grupo más grande, cada persona será responsable de mantener el plan en marcha y asegurarse de que se alcanza el objetivo.

Establezca cada mes un calendario con su banco para cargar automáticamente una cantidad fija en su cuenta de ahorro y asegúrese de que no puede retirar ningún dinero de la cuenta durante un periodo determinado. En algunos casos, el banco también ofrece tipos de interés para depósitos a plazo fijo. Consulte a su banco sobre este planteamiento y sígalo.

Hay muchas aplicaciones disponibles en el mercado que se basan en el aprendizaje automático. Puedes introducir tus ingresos y gastos habituales y también establecer un objetivo de ahorro. Siga esta práctica durante unos meses, y la aplicación estudiará sus datos, y creará y entenderá su patrón de gasto. A continuación, identificará las áreas en las que se pueden recortar los gastos y desviarlos a tus ahorros. Al igual que las compras impulsivas, existe un concepto de ahorro impulsivo en el que la app transfiere directamente el dinero sobrante a la cuenta de ahorro.

La vida media de una persona ha aumentado, pero la edad de jubilación se ha mantenido constante. Con el aumento de la esperanza de vida, no puede confiar en un fondo de jubilación limitado para mantenerse una vez que haya dejado de trabajar. También debe tener en cuenta las tasas de inflación y calcular la cantidad de dinero que necesitará en el futuro para seguir llevando una vida cómoda. Este cálculo le empujará a ahorrar más y a llevar una vida digna.

En caso de que no estés contento en tu trabajo actual, o quieras montar un pequeño negocio en el futuro, ahorrar dinero puede ayudarte a hacer la transición. Es posible que más adelante quieras ir a la escuela para perfeccionarte y poder cambiar de campo, por lo que tus ahorros te ayudarán a cubrir tus necesidades básicas. Este sueño de independencia financiera debería animar a la gente a ahorrar dinero.

Si de repente empiezas a sentirte desmotivado para seguir ahorrando, recuerda por qué empezaste a ahorrar en primer lugar. Puede ser para financiar la educación de tus hijos, para irte de vacaciones o para comprar una casa en el futuro. Mantenga su objetivo final en mente mientras avanza en este viaje.

Tal vez lleves un tiempo ahorrando y hayas perdido la concentración, pero recuérdate el motivo. Tal vez te guste la repostería y quieras montar una nueva panadería, o quieras ascender en tu carrera empresarial, pero la falta de un título de postgrado te está frenando.

Puede ser por cualquier motivo, pero vaya a visitarlo, y vuelva a ponerse en marcha con un entusiasmo renovado.

5

Hábitos De Los Ahorradores De Éxito

Vivimos en una época en la que disponemos de una plétora de tarjetas de crédito y opciones de préstamo.

Con un solo golpe obtenemos el producto deseado, pero junto con él viene el pago adicional en forma de intereses.

¿Se ha preguntado alguna vez cómo compraba la gente antes de que las tarjetas de crédito se convirtieran en una norma? Es muy sencillo: ahorraban y compraban cosas para satisfacer sus necesidades y deseos. Los ahorradores habituales tienen más ahorros en su cuenta y son menos propensos a utilizar el crédito como medio de vida.

. . .

Según una investigación llevada a cabo en el Reino Unido, además de la edad y los ingresos, existen ciertos rasgos de personalidad que impulsan a ahorrar de forma regular ("Los tres hábitos de los ahorradores de éxito", 2014). En la siguiente sección, entenderemos estos rasgos de personalidad.

Ahorro mensual

Ahorrar regularmente cada mes le ayudará a crear una cartera de ahorros y a mantenerla. Este enfoque regular es mejor que el ahorro por necesidad, ya que supondrá una diferencia significativa en su cartera. Ya he destacado los diferentes métodos de ahorro. Un ahorrador con éxito aparca cada mes una cantidad fija de dinero para el ahorro. Aquí entra en escena el método 503020. Primero se pagan a sí mismos antes de hacer cualquier otro pago.

¿Te preguntas por dónde empezar para convertir esto en un hábito?

Planes de débito automático y de ahorro para empleados:

. . .

Se puede optar por un servicio de débito automático en el que cada mes se deposita una cantidad fija en la cuenta de ahorro. En algunos países, existen planes gubernamentales en los que los particulares pueden crear una regla de débito automático en la que el dinero se deposita en la cuenta de ahorro y se puede obtener un interés fijo por los ahorros. Este dinero estará bloqueado durante un periodo fijo y el individuo no podrá retirar el dinero bajo ninguna circunstancia.

Aparte del plan de pensiones, hay muchos planes de ahorro para empleados gestionados por la empresa que permiten a los trabajadores conservar una parte de sus ingresos para la jubilación u otros objetivos a largo plazo.

En algunos casos, los empresarios igualan la contribución de los empleados. Los planes de ahorro permiten a los empleados ahorrar impuestos y crear un corpus para financiar sus necesidades a largo plazo. Los empleados tienen que estar contratados por los empleadores durante un determinado período antes de poder utilizar estos planes (Kagan, 2019b).

En Estados Unidos, el plan de ahorro para empleados más común es el plan de jubilación 401(K).

. . .

Los planes de ahorro para empleados pueden ser principalmente de dos tipos: Los planes de aportación definida, bajo los que se encuadra el 401(R), y los planes patrocinados por empresas públicas o sin ánimo de lucro. En ambos planes, el importe se deduce automáticamente antes de calcular los impuestos. Con el aumento de los costes médicos, hay otro plan que entra dentro de los planes de ahorro para empleados. Una cuenta de ahorro para la salud es una herramienta que ayuda a cubrir los gastos médicos que normalmente no están cubiertos por otros planes médicos (Kagan, 2019b).

Utilizar los importes de las deudas existentes para inculcar el hábito del ahorro. En la investigación se observó que algunas personas no pueden empezar a ahorrar porque están saldando algunas deudas. Los prestamistas pueden elaborar un plan con los deudores para que desvíen un determinado porcentaje del importe de la devolución de la deuda a la cuenta de ahorro. Esto ayudará a saldar la deuda y también a tener un pequeño ahorro al final del periodo de endeudamiento.

En otro método, los prestamistas pueden idear un producto en el que, una vez saldada la deuda, el deudor tendrá que seguir pagando la misma cantidad a los acreedores. El problema es que, en lugar de pagar la deuda, la cantidad adicional se desvía a la cuenta de ahorros.

Dado que los deudores ya renuncian a una determinada cantidad como hábito, les resultará más fácil desprenderse de la misma cantidad para acumular algunos ahorros. Después de un cierto periodo, los consumidores tendrán la opción de abandonar el plan.

Ahorro para emergencias

Ya hemos leído que para algunas personas el ahorro ocupa un lugar muy bajo en la lista de prioridades.

Prefieren gastar el dinero y vivir en el presente que ahorrar para el futuro. Es importante destacar los beneficios del ahorro para este sector de la población. Los ahorradores habituales disfrutan de una mayor tranquilidad, pueden gestionar mejor su presupuesto y están mucho mejor preparados para cualquier eventualidad.

Para cualquier ahorrador, la tranquilidad y la seguridad de su dinero duramente ganado son dos factores importantes que consideran antes de invertir en cualquier plan.

Para ellos, estos factores son más importantes que los altos rendimientos.

Además, hay un sector del público que piensa que el ahorro reducirá el dinero disponible para los gastos. Para empujar a este sector a ahorrar más, los diseñadores de productos pueden ofrecer ciertos incentivos, como entradas de cine gratuitas o algunos vales gratuitos o cupones de descuento adicionales, que parecerán una compensación por la cantidad invertida en el ahorro.

Estos incentivos pueden dejar de aplicarse si se deja de ahorrar regularmente.

Los ahorradores habituales ahorran seis meses de sus ingresos para fondos de emergencia. Se centran en asegurar su futuro, mientras hacen pequeños ajustes en su presente. No tienen ningún objetivo concreto para ahorrar, sino que ahorran sin ningún motivo concreto.

Creen que hay que destinar mensualmente un determinado porcentaje de su importe al ahorro. Se permiten disfrutar de su vida una y otra vez, pero se aseguran de reponer el ahorro utilizado para el disfrute.

Mantener sus ahorros al margen de sus otros ingresos

. . .

Los ahorradores habituales mantienen sus ahorros separados de su cuenta corriente. Este paso les impide utilizar su cuenta de ahorro. Para empezar con el hábito del ahorro, uno puede abrir una cuenta para ahorrar dinero para lograr un objetivo concreto. Puede ser para patrocinar unas vacaciones o comprar un coche, pero este ahorro puede no convertirse en un hábito regular. Para regularizar este ahorro, se puede bloquear la cantidad en una cuenta de ahorro y el propietario del servicio puede aplicar una regla de depósitos regulares. No se puede acceder a ellos salvo en caso de emergencia. La empresa de ahorro o los bancos pueden ofrecer incentivos adicionales que provoquen que la gente mantenga el dinero en la cuenta de ahorro en lugar de utilizar la cantidad.

Otros hábitos que definen a los ahorradores habituales

Aparte de estos hábitos, los ahorradores con éxito practican un mayor autocontrol y tienen más conocimientos financieros en comparación con otras personas. Son más optimistas sobre el futuro y tienden a hacer que su dinero trabaje para ellos. Otro factor diferenciador importante es la compañía que mantienen. Nick Holeman, un planificador financiero certificado, dijo: "Eres la media de las tres personas con las que pasas más tiempo", según informó la CNBC. Dijo que las personas de éxito tienen compañeros y amigos que tienen una mentalidad similar.

Los ahorradores habituales tienen amigos que valoran el dinero, ahorran e invierten dinero regularmente y creen en vivir dentro de sus posibilidades. También añadió que si tienes amigos que siempre hablan de vivir en el presente y de gastar dinero, deberías considerar hacer un nuevo círculo de amigos (Cornfield, 2020).

Crear un fondo de emergencia es importante, ya que una tragedia no pide permiso antes de golpear. Muchas personas han perdido su medio de vida y han tenido que declararse en bancarrota al no poder ahorrar para las situaciones "qué pasaría si". Puede que se sienta decepcionado si no se compra un vestido nuevo inmediatamente o si no ha podido acompañar a sus amigos en unas vacaciones en la playa porque estaba ahorrando dinero, pero a la larga, tendrá más tranquilidad y, obviamente, un mejor saldo bancario. Retrasar la gratificación durante algún tiempo puede ser difícil, pero merece la pena.

Además, los ahorradores pueden tener una tarjeta de crédito, pero eso es únicamente desde el punto de vista de aumentar su puntuación de crédito. Se aseguran de que cualquier cantidad gastada en las tarjetas de crédito se pague a final de mes, de modo que no tengan que pagar ninguna tasa de retraso o interés adicional. Entienden realmente la importancia y siguen la práctica de vivir por debajo de los medios.

Sencillos pasos y acciones para ahorrar dinero

El éxito de su presupuesto y, en última instancia, de su plan de ahorro dependerá menos de sus ingresos y más de sus gastos. Haga un seguimiento de sus gastos y comprenda a dónde va su dinero. Lleve un registro de todas las facturas, incluidas las del café, la propina y cualquier otro artículo del hogar. Divida en gastos discrecionales y no discrecionales. Elimine cualquier gasto que no sea necesario para el funcionamiento de su casa.

Ten en cuenta tus ahorros en la planificación de tu presupuesto mensual. Puedes empezar con 100 dólares al mes.

Comprende la importancia del factor tiempo cuando se trata de dinero.

Cuanto más tiempo tenga tu dinero, más valor tendrá.

Puede que pienses que gastar 50 dólares en zapatos no supondrá ninguna diferencia, pero incluso 50 dólares en tu cuenta de ahorros aumentarán su valor con el paso de los años.

·   ·   ·

Cuando se ahorra a largo plazo, cada céntimo cuenta.

Tienes que encontrar una manera de ahorrar dinero cada día.

Reduzca sus facturas de alimentación, reduzca sus gastos de entretenimiento cambiando a planes de cable más baratos y busque opciones a la hora de comprar un plan de seguros. Busca la manera de reducir tus facturas de servicios públicos y cambia a un plan de llamadas más barato. Asegúrate de que te permites divertirte de vez en cuando, ya que no quieres sentirte resentido y privado.

Este sentimiento de resentimiento puede ser contraproducente y desviarle del camino del ahorro.

Para racionalizar inicialmente su hábito de ahorro, cree algunos objetivos a corto y largo plazo. Decida lo que quiere conseguir, entienda cuánto dinero necesitará y empiece a ahorrar. He aquí algunos ejemplos de objetivos a corto y largo plazo.

Los objetivos a corto plazo pueden incluir la creación de un fondo de emergencia para seis meses de gastos de manutención, los fondos necesarios para pagar la cuota inicial de un coche o financiar la renovación de la casa.

Por lo general, los objetivos a corto plazo se sitúan entre uno y tres años.

Los objetivos a largo plazo pueden incluir la creación de fondos para la jubilación, la creación de un negocio, el matrimonio y la financiación de la educación de los hijos. Los objetivos a largo plazo se sitúan en un marco temporal de más de cuatro años.

Infórmese sobre las diferentes opciones de ahorro disponibles en el mercado. Estas cuentas suelen ser seguras y ofrecen una buena rentabilidad. Lo ideal es repartir los ahorros en diferentes herramientas para poder obtener el máximo beneficio (Lake, s.f.).

Las cuentas de ahorro son cuentas de depósito que pueden abrirse en cualquier banco o cooperativa de crédito. Esta cuenta puede utilizarse tanto para objetivos de ahorro a corto como a largo plazo. Son seguras y pagan intereses. Se encuentra en el lado más bajo y, a partir de mayo de 2021, la tasa media de rendimiento anual (APY) del 0,07%.

. . .

Las cuentas de ahorro de alto rendimiento son ofrecidas por bancos online y, por lo tanto, los rendimientos son relativamente más altos que los de las cuentas de ahorro tradicionales. Como los gastos generales son menores en el caso de los bancos online, pueden permitirse pagar más intereses.

Puede abrir una cuenta del mercado monetario que ofrece una combinación de cuenta de ahorro y cuenta corriente. Puede utilizar esta cuenta para objetivos a medio y largo plazo. Una vez que haya alcanzado su objetivo, puede extraer un cheque para financiar su objetivo.

Los certificados de depósito, o CD, son depósitos a plazo en los que puede depositar su dinero durante un periodo de tiempo predefinido. Puede ir de 30 días a 10 años, y puede ganar intereses por su depósito durante ese plazo.

Una vez que el CD ha vencido, puede retirar el importe inicial junto con los intereses. Sin embargo, tenga en cuenta que se puede aplicar una penalización a algunos CD en caso de que los retire antes de su vencimiento.

. . .

Las cuentas individuales de jubilación, o IRA, se abren específicamente para financiar su objetivo de jubilación.

Tiene dos opciones: la IRA tradicional y la Roth. En la IRA tradicional, puede obtener algunos beneficios fiscales, pero se le aplicarán algunos impuestos en el momento de la retirada. En una cuenta IRA Roth, podrá retirar su dinero libre de impuestos en el momento de la jubilación, pero hay ciertas condiciones para ello. Tenga en cuenta que habrá alguna penalización en ambas cuentas IRA si retira el dinero antes de cumplir los 59 años y medio.

El ahorro no se producirá si tienes la actitud de "ahorrar lo que quede después de gastar". Recuerda que el ahorro tiene que estar previsto al principio de cada mes. Hemos hablado de este aspecto en nuestras secciones anteriores.

Una vez asignado el dinero a una cuenta de ahorro, no tendrás la tentación de gastarlo. Es algo parecido a "ojos que no ven, corazón que no siente".

Puedes engañar a tu cerebro para que piense que sólo tienes una determinada cantidad que te ayude a mantenerte en un mes determinado.

· · ·

El paso más importante para construir un corpus de ahorro es liquidar tus deudas. Liquida las facturas de las tarjetas de crédito y cualquier otra deuda, ya que eso implicará el pago de intereses y tasas de demora si no has pagado alguna cuota. Continúe añadiendo dinero a su cuenta de ahorros incluso en este periodo, de modo que cuando su deuda esté saldada, tendrá un pequeño corpus listo para hacer frente a sus necesidades de emergencia.

En caso de que obtengas ingresos extra en un momento dado, guárdalos en tu cuenta de ahorros. Si tienes la declaración de la renta, has recibido una bonificación en el trabajo, una bonificación de cumpleaños de tu empresa o un cheque regalo de tu tío, no utilices ese dinero. Añade ese dinero a tu cuenta de ahorros. Como ese dinero nunca formó parte de tu presupuesto, no lo echarás de menos y, en cambio, avanzarás hacia tu objetivo de ahorro.

Automatice sus deducciones en su cuenta de ahorro.

Muchas personas no son capaces de ceñirse a su presupuesto y acaban utilizando toda su cuenta. Este comportamiento es muy visible en los jóvenes, por lo que la forma más fácil de ahorrar es autocargar su cuenta.

. . .

Cuestiona tus compras y piénsatelo dos veces antes de gastar el dinero que tanto te ha costado ganar. Sé consciente de tus gastos. Si has decidido comprar algo, retrásate unos días y si sigues pensando que esa compra es importante, adelante, cómprala. La otra forma es calcular el número de horas que tendrá que trabajar para comprar el producto deseado. ¿Merece la pena dedicar esas horas a la compra del producto? Si su respuesta es afirmativa, entonces cómprelo, si no, olvídese de él.

6

Introducción A La Inversión

¿Ha visto a un agricultor trabajando incansablemente en el campo, quitando las malas hierbas, arando el campo, sembrando semillas, regando el campo y esperando pacientemente a recoger los frutos y la cosecha? En cualquier inversión, se requiere un enfoque similar para obtener los beneficios deseados. La inversión no es más que un proceso de compra de activos o de préstamo de dinero para obtener algunos beneficios en el futuro. Los beneficios pueden ser en forma de pagos regulares o de aumento del valor del activo. La inversión es un activo cuyo valor aumentará con el tiempo gracias al interés compuesto. Estos activos pueden utilizarse para financiar diversos objetivos financieros, como la jubilación, el pago inicial de la vivienda o la financiación de la educación de los hijos.

. . .

Antes de comprender los diferentes tipos de inversiones y los pasos a seguir al invertir, debemos entender cuáles son las diferentes razones y factores que afectan a su plan de inversión ("Introducción a la inversión", s.f.).

La acumulación de dinero o la creación de riqueza es una de las razones por las que la gente invierte dinero.

Queremos que nuestro dinero crezca para poder alcanzar nuestros objetivos financieros. Para ello, tenemos que invertir el dinero en diferentes herramientas en función de nuestra capacidad de asumir riesgos.

Usted quiere crear una fuente de ingresos estable que le proporcione dinero según las reglas que usted establezca.

Algunos fondos de inversión le permiten retirar dinero de forma planificada que puede complementar sus ingresos actuales. Con el paso del tiempo, a medida que aumentan sus ingresos, los dividendos y los intereses también aumentan, tanto que pueden convertirse en su fuente de ingresos secundaria. Muchos jubilados dependen de estos intereses y dividendos para financiar sus gastos habituales.

· · ·

La planificación fiscal es una de las principales razones por las que la gente invierte.

La planificación fiscal es un ejercicio importante en el que se analizan los ingresos actuales y previstos y se formula un plan de inversión que minimice los ingresos imponibles. Además, el plan de inversión debe permitir obtener la máxima cantidad de rendimientos después de impuestos a largo plazo, con el mínimo riesgo posible.

Otra razón importante para invertir es hacer frente a la monstruosa inflación. Es una gran cosa que puede comerse tu dinero y disminuir su valor. La inflación es un aumento constante del precio de los productos básicos a lo largo del tiempo. Disminuye el valor de la moneda. Por ejemplo, antes podías comprar un galón de leche por unos centavos, pero hoy tienes que pagar unos cuantos dólares para obtener la misma cantidad. Este aumento del coste se llama inflación.

Mantener su dinero a salvo en su cuenta salarial o de ahorro no le proporcionará buenos rendimientos. Lo ideal es que la tasa de aumento de tus ingresos sea mayor que la tasa de inflación, para que puedas mantener tu estilo de vida actual.

· · ·

El dinero guardado en la cuenta nómina perderá valor con el tiempo y no podrá financiar su estilo de vida actual. Por tanto, es aconsejable invertir, hacer que su dinero trabaje para usted y le ayude a obtener rendimientos.

Lo esencial es entender la diferencia entre ahorro e inversión. Sí, es importante ahorrar dinero, ya que se necesita dinero líquido para situaciones de emergencia, como una urgencia médica o la pérdida del empleo. Es seguro, de bajo riesgo, y perderá menos dinero con el tiempo. Pero las inversiones son igualmente importantes. Es aconsejable empezar a invertir después de ahorrar suficiente dinero para mantener los gastos durante seis meses. Con una cuidadosa planificación de las inversiones, puede aumentar el valor del dinero que tanto le ha costado ganar. Si no ahorras, no puedes invertir, y si no inviertes, la capacidad de compra de tu dinero se reduce.

Tipos de inversiones

Las organizaciones están obligadas a dar un rendimiento cuando usted hace una inversión en su futuro. Utilizan tu dinero para crecer y darte un beneficio esperado. La organización puede ser una entidad gubernamental o privada.

Una cuenta de ahorro es una herramienta de inversión con el menor factor de riesgo; por lo tanto, es la forma más segura y también la más fácil de invertir su dinero. Tiene la garantía de recuperar su dinero y conoce los intereses que obtendrá de su inversión. Puede retirar su dinero en cualquier momento y no hay gastos de penalización. Los certificados de depósito son otra herramienta para ahorrar dinero. Ya hemos leído que son depósitos a plazo fijo con plazos que van de 30 días a 10 años. Obtienes tu inversión original junto con los intereses generados durante el periodo de tiempo y ganas un interés mayor que el de la cuenta de ahorro. La pega es que tendrás que pagar una penalización en caso de que quieras retirar tu dinero antes del vencimiento de la póliza.

Las inversiones ofrecidas por organizaciones que dan un derecho financiero al comprador sobre los recursos del emisor se denominan valores. Los bonos, las acciones y los títulos son algunos de los tipos de valores.

Un bono es una herramienta de inversión de renta fija que el emisor utiliza para obtener dinero del mercado. El emisor del bono toma un préstamo del inversor y se firma un acuerdo que incluye los detalles sobre la cantidad inicial y las condiciones de pago.

· · ·

Los gobiernos, las empresas públicas y las privadas utilizan este modo de inversión para financiar proyectos.

Los bonos pueden tener tipos de interés fijos y variables.

Son como un depósito a plazo fijo que vence, y el emisor tiene que entregar el importe principal junto con el interés acordado. Un bono es una especie de inversión de deuda en la que se ha prestado dinero a una empresa y el emisor del bono ha acordado pagarle los intereses durante un plazo predefinido y devolverle el importe principal al final del plazo (Fernando, 2021).

Un fondo de inversión es un conjunto de inversiones de dinero realizadas por más de un inversor. Este conjunto de dinero se invierte en bonos, acciones y otros instrumentos de inversión. Estos fondos de inversión están gestionados por gestores profesionales, y realizan las inversiones en función de los objetivos de los inversores.

El valor o el rendimiento de la cartera del fondo de inversión depende del rendimiento de cada valor que el gestor decida comprar. Las inversiones en fondos de inversión son diferentes de las inversiones en acciones, ya que no se obtiene ningún derecho de voto.

La valoración de los fondos de inversión se produce al final de la jornada de negociación, por lo que la compra y venta de los fondos se produce después. Son un tipo de inversión indirecta, lo que significa que su inversión es un conjunto de valores gestionados por un gestor profesional.

Los fondos cotizados son fondos que se negocian a lo largo del día. Esto significa que su valor fluctúa a lo largo del día. Son fáciles de negociar y tienen un área de cobertura más amplia, por lo que son populares entre los inversores.

El capital o las acciones son una inversión continua en una empresa o una propiedad. Esta inversión convierte al inversor en propietario de los activos de la empresa. La propiedad y los beneficios obtenidos son proporcionales a la inversión realizada por los inversores. Un grupo de unidades de acciones se denomina acción. Las acciones se venden y compran en una bolsa de valores, y constituyen la base de casi todas las carteras de inversión. Es una forma de inversión directa, lo que significa que uno invierte directamente su dinero para obtener la propiedad de una parte de la empresa o negocio (Hayes, 2021).

Hay otras opciones de inversión, como la inversión inmobiliaria en forma de hipotecas comerciales o de viviendas.

La inversión en materias primas es otro tipo de inversión, que incluye el petróleo, el oro, la plata, los productos agrícolas y algunas otras materias primas.

Las inversiones también se clasifican en inversiones de bajo riesgo y de alto riesgo. El riesgo se define en términos las plataformas dependen de la demanda y la oferta (Gitman et al., 2021/2015).

La inversión puede llevarse a cabo en una serie de pasos.

Entenderemos estos pasos y también comprenderemos cómo los factores (impacto en los impuestos personales, etapa del ciclo de vida y entorno económico externo) afectan a cualquier decisión de inversión.

1.Asegúrate de que tienes suficiente dinero para financiar tus necesidades básicas, como la comida, las facturas de los servicios públicos, el transporte, la vivienda y otras necesidades importantes. Además, como ya se ha dicho, debería tener un fondo de emergencia de casi seis meses para financiar sus necesidades diarias. También debe asegurarse de que tiene cobertura de seguro médico, de vida, de propiedad y de los seguros necesarios.

. . .

Establezca objetivos de inversión claros que definan sus necesidades financieras. Algunos de los objetivos de inversión más comunes son:

. Construir fondos de jubilación que le permitan vivir cómodamente una vez que se jubile. Cuanto antes empiece a planificar su jubilación, más fondos acumulará gracias al poder del interés compuesto.

. Ahorrar dinero para financiar algunos objetivos a corto y largo plazo, como las vacaciones, el pago de una casa o la financiación de un negocio.

. Las inversiones también se realizan con la intención de crear y acumular riqueza. En este caso, los inversores creen en el principio de hacer que el dinero trabaje para ti o en los ingresos pasivos.

. Otro objetivo de las inversiones es ahorrar impuestos. Hay muchas opciones de inversión privadas y gubernamentales que permiten a los individuos ahorrar impuestos al reducir la renta imponible.

. Una vez que haya definido claramente sus objetivos, elabore un plan de inversión. Debe contener su objetivo a largo plazo y, en función de éste, escribir las opciones de inversión. Las opciones deben tener una fecha de finalización y el riesgo que está dispuesto a asumir. Cuanto más detallado sea el plan, más posibilidades tendrá de realizar un plan de inversión acorde con su objetivo de inversión.

. En el siguiente paso, evalúe las diferentes opciones de inversión teniendo en cuenta la rentabilidad, los factores de riesgo y las ventajas fiscales. Una vez evaluadas las opciones, seleccione cuidadosamente el conjunto de herramientas de inversión adecuadas.

Estrategia de inversión a cualquier edad

Los planificadores financieros suelen aconsejar alejarse de las acciones y acercarse a los bonos a medida que se envejece. Los jóvenes tienen más edad para ganar dinero, por lo que pueden asumir pérdidas; además, las acciones son menos arriesgadas durante un periodo de tiempo, y los jóvenes necesitan una gran cantidad de dinero para satisfacer sus necesidades de mediana edad, como el pago inicial de una casa, los préstamos para la educación y otros gastos. Las personas que se acercan a la edad de jubilación tienen más dinero para invertir, pero menos capacidad para asumir riesgos, ya que no tienen tiempo para recuperarse de las pérdidas.

Hemos visto las diferentes opciones de inversión que tiene un individuo. Por término medio, un particular puede invertir en acciones, bonos y depósitos en efectivo.

También tiene otras opciones de inversión como las materias primas, los bienes inmuebles y otras opciones derivadas.

Hemos aprendido la importancia de mantener una cartera diversificada. Cada inversión tiene su propio nivel de riesgo y rendimiento. Dependiendo de la situación económica, el inversor toma la decisión de invertir. Por ejemplo, si la economía va bien, los inversores desviarán su dinero hacia las acciones para obtener mayores rendimientos. Pero si la economía es lenta, desviarán su dinero de las acciones a los bonos para minimizar sus pérdidas.

La forma de gestionar la cartera y asignar los fondos se llama asignación de activos.

Cuando tienes 20 años, es posible que te hayas graduado recientemente de la universidad y estés pagando tus préstamos estudiantiles, por lo que debes empezar a invertir en tus planes de jubilación. Puedes contribuir al plan 401(k) o abrir una cuenta de jubilación individual (IRA) e invertir lo poco que puedas permitirte. Puedes mantener una actitud agresiva hacia la inversión invirtiendo entre el 80% y el 90% en acciones y entre el 10% y el 20% en bonos. Como tienes tiempo en la mano, con el interés compuesto puedes construir un gran corpus de dinero y también puedes absorber cualquier cambio en el mercado.

. . .

A los 30 años, deberías empezar a invertir entre el 10% y el 15% de tus ingresos. Puedes invertir entre el 70% y el 80% en acciones y entre el 20% y el 30% en bonos. El poder del interés compuesto sigue siendo válido, y puedes cosechar los beneficios en los últimos años. Sigue invirtiendo en las cuentas IRA y 401 (Kk), ya que esto te ayudará a crear fondos para tu jubilación. Considere la posibilidad de maximizar la capacidad de inversión tanto en la IRA como en el 401(k). Consulta con tus empresas si contribuyen al 401(k). También puedes pensar en invertir en bienes inmuebles, ya que los bajos tipos de interés te ayudarán a constituir un activo.

Lo más importante es que inviertas en ti mismo en esta edad, ya que el desarrollo de habilidades te ayudará a conseguir el tan necesario ascenso o a cambiar a un perfil en el que puedas ganar más dinero.

La década de los 40 debería centrarse más en la preparación de la jubilación junto con sus objetivos de inversión, como la financiación de la educación de los hijos o el pago de la hipoteca. La asignación de activos puede empezar a cambiar hacia opciones más seguras, con una asignación del 60% en acciones y el resto en bonos.

. . .

Recuerde que cuantas más opciones de acciones tenga en su cartera, más volátil y arriesgada será su cartera.

Comprenda que tendrá que tener en cuenta la inflación al planificar su jubilación y, por tanto, invierta en opciones agresivas pero seguras (Friedberg, s.f.).

Los 50 y 60 años son el momento en que se acerca la edad de jubilación. Es posible que piense en lo que tiene en las cuentas y en la cantidad de fondos que necesitará después de su jubilación.

Debería considerar la posibilidad de adoptar un enfoque más conservador con respecto a sus inversiones. Puede asignar sus acciones y bonos en una proporción de 50:50.

Puede pensar en aumentar su inversión en el 401(k), ya que el IRS permite a las personas que están cerca de la edad de jubilación añadir más fondos a su 401(k). Esto se denomina contribución de recuperación y, en 2020 y 2021, el IRS permitió añadir 6.500 dólares anuales al límite existente de 19.500 dólares a los fondos del 401(k) (Kumok, s.f.).

. . .

La forma de invertir dependerá del progreso que haya hecho en la consecución de sus objetivos financieros y de la situación económica. La clave es empezar a invertir pronto para poder aprovechar el interés compuesto.

Inversión para principiantes

Tanto si eres un graduado universitario que empieza su primer trabajo como si estás en la mitad de tu carrera, deberías empezar a invertir para aumentar el valor de tu dinero. Si no tiene tiempo para aprender a invertir, puede contratar a un asesor financiero o a un gestor de fondos de inversión para que se encargue de su cartera, pero esto tendrá un coste. Pueden cobrar un porcentaje de tu inversión a cambio de sus servicios. Pero incluso en ese caso, le sugiero que aprenda los fundamentos de la inversión para que pueda entender mejor lo que le sugieren sus asesores.

Antes de entrar en el aprendizaje de la inversión para los principiantes, veamos algunos tipos de personalidad típicos que se observan en el mundo de la inversión.

Los "Doomsday Preppers" son personas que creen que el mundo financiero no durará y por eso invierten sobre todo en oro y bienes inmuebles.

Los "Gambling Day Traders" son jugadores serios, pero en lugar de apostar en un casino, apuestan en el mercado de valores. Siguen de cerca el mercado de valores como un halcón cada segundo del día y compran y venden acciones cada hora. Los "indexadores" invierten en todas las opciones disponibles y vigilan sus ingresos de forma lenta y constante (Town, 2018).

Como primer paso, decide si necesitas ayuda profesional o no. Como he mencionado, puedes contratar a un gestor de carteras profesional si no tienes tiempo para aprender los matices de la inversión. Otra opción bastante popular hoy en día son los robots asesores. Se trata de asesores financieros virtuales que te ofrecen los mejores consejos en base a un algoritmo creado por la entidad financiera.

Son fáciles de usar, asequibles y más cómodos de utilizar.

No tienes que pagar ninguna comisión de intermediación asociada al uso de sus servicios. Estas son algunas opciones de robots asesores:

No se requiere ninguna inversión inicial para abrir una cuenta en Betterment. Se cobra una comisión anual del 0,25% cada año por la gestión de la cuenta.

. . .

La aplicación le permite elegir entre miles de acciones y fondos cotizados (ETF) disponibles en EE.UU. e internacionalmente. En función de sus preferencias y de su capacidad de asumir riesgos, puede construir una cartera personalizada y además tendrá su cuenta gestionada.

Con Wealth front, sólo necesitará 500 dólares para comenzar su viaje de inversión. No hay comisiones hasta que su inversión alcance los 10.000 dólares, y a partir de ahí se cobrará una cantidad mínima del 0,25% anual.

Una vez alcanzados sus objetivos presupuestarios, su dinero puede ser transferido automáticamente a una cuenta de inversión con una cuenta de efectivo de Wealth front.

M1 Finance ofrece tanto un robot asesor como un corretaje tradicional bajo el mismo paraguas. Puedes empezar a invertir con tan solo 100 dólares con esta aplicación de fácil uso. No hay ninguna comisión ni por abrir una cuenta ni por operar.

Puede hacer que su cartera sea gestionada por Van guard Digital Advisor® una vez que tenga 3.000 dólares para invertir.

Ellos crearán una cartera personalizada en función de sus objetivos y su capacidad de asumir riesgos. La cartera incluirá fondos cotizados (ETF), que suelen tener un coste bajo. La comisión neta anual de asesoramiento prevista es de aproximadamente el 0,15% de su saldo de Digital Advisor. También ofrecen un panel de control y herramientas integradas que le ayudarán a agilizar su proceso de inversión y también a poder comprobar cómo afectará a sus ahorros para la jubilación incluso una pequeña cantidad.

Una vez que haya decidido qué ayuda va a tomar, tiene que decidir cuánto dinero va a invertir. Antes de empezar a invertir, tienes que reservar tus fondos de emergencia.

Sigue la regla del 503020 e invierte la cantidad recomendada. Empieza pronto para poder aprovechar el interés compuesto y construir el máximo patrimonio posible. El importe de tu inversión también dependerá de tus objetivos financieros.

Ahora que sabe la cantidad que va a invertir cada mes, vamos a estudiar las opciones de inversión disponibles. En la duración inicial, siga una estrategia de inversión sencilla. A la hora de decidir su cartera de inversiones, tenga en cuenta los dos factores siguientes:

Asigne sus fondos adecuadamente y cree una mezcla bien elegida de bonos, acciones, materias primas e inversiones en efectivo.

Ya hemos hablado de las distintas opciones de inversión disponibles en el mercado. La clave es investigar e informarse sobre la herramienta de inversión y las empresas en las que se va a invertir. La inversión en el mercado de valores tiene el potencial de dar el máximo rendimiento, pero hay que ser cuidadoso en la investigación e invertir en consecuencia. No puedes invertir al azar y esperar una gran rentabilidad, sino que acabarás perdiendo dinero.

No te dejes llevar por los anuncios o los consejos de tus amigos. Haga sus deberes sobre la empresa y luego invierta el dinero que tanto le ha costado ganar.

Cómo empezar a invertir en acciones

En la mayoría de los casos, invertir en acciones equivale a comprar acciones de cualquier empresa. Al invertir en acciones de una empresa, usted espera que ésta tenga un buen rendimiento y gane dinero. Si la empresa crece, entonces el valor de las acciones aumenta, y usted podrá venderlas a un precio superior al que pagó por ellas.

Por lo tanto, el aliado básico cuando venda las acciones ganará beneficios. Con el aumento del uso de la tecnología en las finanzas o, en pocas palabras, de las fintech, invertir en acciones se ha vuelto más accesible y fácil. Cualquier persona con un mínimo de conocimientos puede abrir una cuenta a través de una página web o una aplicación y empezar a invertir. Puedes obtener beneficios de las acciones de dos maneras: pagando dividendos y vendiendo acciones a un precio superior al que pagaste al comprarlas.

Tener una estrategia de inversión

Si ha contratado a un experto para que gestione su cuenta o si ha contratado los servicios de un robot asesor, no tendrá que preocuparse por su cartera. Por lo general, le preguntan sobre sus objetivos de inversión, la cantidad que tiene y luego construyen una cartera personalizada para usted. En el caso de un asesor humano, puede cobrar un determinado porcentaje de sus inversiones.

Una empresa de robots asesores suele cobrar el 0,25% de su inversión.

· · ·

En caso de que haya decidido seguir un enfoque de bricolaje, entonces debe construir una estrategia de inversión adecuada. Normalmente, para cualquier principiante, hay dos tipos de inversiones:

Los fondos indexados suelen estar formados por bonos y acciones, y siguen el índice del mercado. El mercado de valores suele recopilar datos de las distintas empresas del índice y presenta una imagen de su rendimiento. Hay muchos índices, y el índice S&P 500 es el más popular. El índice S&P 500 es la sigla de Stand and Poor's 500 index, tiene 500 de las empresas más grandes de EE.UU., y generalmente se considera que indica el rendimiento de las acciones de EE.UU.

(Caplinger, s.f.). Los otros índices populares basados en su capitalización de mercado son (Caplinger, s.d.-a):

Grandes valores estadounidenses: S&P 500, Dow Jones Industrial Average, Nasdaq Composite

Pequeños valores estadounidenses: Russell 2000, S&P SmallCap 600

Acciones internacionales: MSCI EAFE, MSCI Emerging Markets

Bonos: Bloomberg Barclays Global Aggregate Bond

Se pueden comprar acciones individuales si se tiene la paciencia y el tiempo para investigar sobre cada una de las acciones que se piensa comprar.

Siempre debes diversificar tu cartera para poder reducir el riesgo.

Invierta en negocios cuyos fundamentos pueda entender, vaya a lo seguro y evite las inversiones muy volátiles hasta que confíe en sus habilidades. Evite comprar acciones que le cuesten menos de 5 dólares, también llamadas "penny stocks". Tienen una reputación notoria, ya que muchos inversores han perdido dinero con estas acciones. Lo más importante es que aprenda a investigar y evaluar las empresas antes de invertir.

Cómo elegir acciones y participaciones para invertir A la hora de elegir acciones y participaciones para invertir, puede tener en cuenta los siguientes factores (Hyett, s.f.):

Condiciones económicas externas

Mirar hacia el futuro

Compre marcas que le gusten y conozca

Condición económica externa: Todas las economías del mundo pasan por un ciclo de crecimiento y luego de declive. Cuando la economía está en auge, hay más dinero en el mercado y la gente gasta más dinero. Pero cuando la economía empieza a decaer, el gasto se reduce.

Puede seguir este ciclo y comprar valores y acciones en consecuencia.

En este sentido, tenemos muchas acciones defensivas o cíclicas.

Las acciones defensivas suelen tener un crecimiento constante. Puede que no crezcan masivamente durante la floración, pero tampoco se reducen drásticamente durante los tiempos difíciles. Esto se debe a que la mayoría de las empresas que entran en este grupo tienen productos o servicios que la gente puede utilizar independientemente del ciclo económico. Las empresas farmacéuticas y de bienes de consumo son algunos de los ejemplos de estas acciones. Esto se debe a que la gente comerá y necesitará medicamentos independientemente del ciclo económico.

Las acciones cíclicas, como su nombre indica, dependen de la situación económica. Funcionan bien durante el auge y se desploman durante las épocas de baja actividad. Por lo general, la gente compra acciones durante la depresión y las vende durante los momentos álgidos. Estas acciones no se ven afectadas al mismo tiempo. Por ejemplo, los minoristas serán los primeros en verse afectados durante una depresión, seguidos por los distribuidores y luego por los fabricantes.

Principales sectores cíclicos: aeroespacial, automoción, bancos, construcción, ingeniería e industria, medios de comunicación, industria manufacturera, minería, inmobiliario, comercio minorista y viajes y ocio.

· · ·

Principales sectores defensivos: alimentación, bebidas, sanidad, artículos del hogar, seguros de vida, productos farmacéuticos, servicios de apoyo, tabaco y agua.

Mirar hacia el futuro: Las personas que se anticiparon al auge de la información y la tecnología, e invirtieron en empresas tecnológicas, ganaron millones en dividendos y beneficios. En los países en vías de desarrollo, la capacidad de compra de la clase media es cada vez mayor, lo que ha provocado un aumento de la demanda de productos de lujo como mejores coches, teléfonos inteligentes y otros productos de lujo. Este enfoque no siempre tiene éxito, ya que a veces las empresas no consiguen innovar y son sustituidas por productos mejores. Por ejemplo, Xerox se desvaneció y fue sustituida por otros gigantes de la tecnología. Con la pandemia, las acciones de las empresas informáticas y farmacéuticas se han disparado, aunque se trata más bien de un acontecimiento único en la vida que nadie podría haber previsto.

Pero hay que vigilar sectores como el tecnológico, el farmacéutico y también las fuentes de energía renovables, como los coches eléctricos. Con el aumento del precio del petróleo y el cambio climático que afecta al mundo, muchas empresas están buscando sustitutos. Tesla fue una empresa innovadora en este segmento, y quienes invirtieron en ella han ganado mucho.

Busque marcas que vendan: ¿Se ha dado cuenta de que las mayores marcas del mundo son también las más rentables? Con sus increíbles productos y servicios posventa, algunos productos consiguen crear un alto valor de marca. Esto también se refleja en el rendimiento de sus acciones. La ventaja más obvia de invertir en una marca famosa es que, como ya la has usado, eres consciente de sus puntos positivos y sabes que las ventas aumentarán y la empresa tendrá un buen rendimiento. El único punto negativo es que el precio de venta de estas acciones suele ser elevado, y puedes comprar un número menor de acciones en función de tu capacidad de compra.

Seguros y coberturas y tipos de seguros

El seguro es un tipo de protección financiera que se ofrece a una parte frente a unos honorarios pagados por dicha parte. Es básicamente un tipo de herramienta de mitigación de riesgos que se utiliza para cubrir el riesgo contra una pérdida potencial. Normalmente, en cualquier póliza de seguro hay dos partes implicadas: el asegurador y el asegurado. El proveedor de seguros se llama asegurador (es decir, la compañía de seguros) y la persona que compra el seguro se llama asegurado.

. . .

Cuando el asegurador y el asegurado suscriben un contrato, éste se denomina póliza de seguro, en la que se detallan el importe que debe pagar el asegurado y las condiciones en las que éste será compensado económicamente por el asegurador. El importe que paga el asegurado se denomina prima. En caso de cualquier eventualidad, el asegurado presenta una reclamación a la compañía de seguros, que es investigada y verificada por el liquidador de siniestros. Antes de que el asegurado reciba el siniestro, tiene que pagar una franquicia (también llamada copago en los seguros de salud), que es un pago de bolsillo. La aseguradora gana dinero poniendo el dinero del asegurado en la bolsa, o puede mitigar el riesgo reasegurando la cantidad. Así que, en resumen, cualquier póliza de seguro tendrá generalmente los siguientes elementos: nombres claros del asegurador, del asegurado y de los beneficiarios, el importe de la prima, la duración de la cobertura, el detalle de los eventos en los que se cubriría el siniestro, la cantidad que se pagará al tomador o al beneficiario y los eventos que no estarán cubiertos o protegidos por la póliza. A continuación, esta póliza indemniza al asegurado por los daños. Las aseguradoras obtienen las primas de múltiples partes, y mientras la aseguradora haya reservado fondos para los siniestros (también llamados reservas), el dinero restante es el beneficio de la aseguradora ("Seguros", 2021).

Características de las pólizas de seguro

Para que cualquier objeto o persona se asegure como riesgo, debe cumplir determinadas características.

La compañía de seguros comprobará en primer lugar la asegurabilidad del riesgo o la capacidad del mismo para considerarlo digno de ser asegurado. Algunos de los factores son ("Seguros", 2021):

1.Gran número de unidades de exposición: El seguro se basa en la ley de los grandes números. Para que un riesgo sea asegurable, debe haber un gran número de unidades de exposición del mismo tipo para poder predecir las pérdidas. La compañía de seguros, cuando ha recopilado los datos de las pérdidas en grandes cantidades, le resulta más fácil predecir el importe de la pérdida con mayor precisión y, por tanto, puede determinar la prima en consecuencia.

2.Capacidad de definir y medir la pérdida: La otra característica es que el riesgo debe ser definido y medible.

Hay que poder aportar pruebas de los siniestros en cifras absolutas para poder definir correctamente la prima. El asegurado debe aportar facturas que puedan definir el valor del riesgo.

Si no se puede definir el valor de la pérdida o el daño, no se puede asegurar. La vida y la muerte de cualquier persona pueden determinarse de forma equitativa y, por tanto, el pago que se hace por el siniestro es el valor de la cantidad asegurada.

. La probabilidad debe ser predecible: Las aseguradoras deben ser capaces de definir la probabilidad de que el riesgo ocurra. Deben poder definir la frecuencia con la que se producirá la pérdida y la gravedad de la misma. Algunas pérdidas no pueden protegerse, ya que es difícil determinar la probabilidad de que se produzcan.

. Los acontecimientos fortuitos deben ser calculables:

La compañía de seguros debe ser capaz de determinar la probabilidad de que se produzca el riesgo. El riesgo debe ser un acontecimiento fortuito y accidental, en el que no se puede definir el momento exacto ni el impacto de la pérdida.

. Tamaño del siniestro: El siniestro debe ser lo suficientemente grande como para que tenga sentido que el asegurado pague la prima. Los costes incluyen gastos de administración, dinero ajustado en contra, y otros. Todos estos costes no tendrán ningún sentido si la protección ofrecida no ofrece ningún valor al asegurado.

El riesgo debe ser no catastrófico: Hay dos tipos de riesgos catastróficos: el primero es cuando los asegurados están expuestos al mismo tipo de evento, como en el caso de las inundaciones o los terremotos. En el segundo tipo de riesgo, los aseguradores no pueden determinar la probabilidad de que el riesgo ocurra o la pérdida que se producirá por el evento, como en el caso de un ataque terrorista.

3. El coste de la prima debe ser asequible: La prima debe ser económicamente viable para ambas partes. El asegurado debe poder pagar la prima y la aseguradora debe poder obtener algunos beneficios.

Aspectos legales de la póliza de seguro

En toda póliza de seguro existen requisitos y normas legales. Algunos de los puntos habituales que se plantean son ("Seguros", 2021):

El asegurado es compensado o indemnizado por la compañía de seguros en caso de determinadas pérdidas hasta el interés del asegurado.

En virtud del interés de la prestación, la compañía de seguros no puede reclamar a la parte que ha causado el daño o la lesión.

. . .

Deben indemnizar al asegurado con independencia de que el tomador del seguro haya demandado o no al causante del daño.

Según el interés asegurable, el tomador del seguro debe haber sufrido directamente el daño o la pérdida en forma de daños materiales o humanos. Debe tener un interés en los daños para poder reclamarlos. Esto se refiere al interés del asegurado en obtener el seguro. En resumen, si el tomador del seguro sufrirá una pérdida si los bienes o la persona asegurada sufren daños o lesiones.

El principio de contribución, que proviene de la indemnización, consiste en que si intervienen varios proveedores de seguros, todos ellos contribuirán a la reclamación del asegurado.

En la subrogación, el asegurado cede los derechos legales a la compañía de seguros para recuperar los daños sufridos por un tercero. La compañía de seguros puede demandar al tercero o emprender cualquier otra acción legal que considere oportuna.

En la causa Próxima, se identifica la causa principal del daño. Si la causa principal está cubierta en la póliza de seguro, la compañía de seguros tiene que pagar los daños según las condiciones mencionadas en la póliza.

En el marco de la mitigación, el asegurado siempre debe tratar de minimizar la pérdida debida a los daños de un bien o a las pérdidas humanas. Deben comportarse como si el bien no estuviera asegurado.

La indemnización es un principio importante de la política de seguros. El significado literal de indemnización es restablecer un bien a su posición original, en la medida de lo posible, tal y como estaba antes de que se produjera el daño. El seguro de vida no suele ser un seguro de indemnización, sino que se considera un seguro contingente.

Esto significa que se presentará una reclamación si el daño se ha producido debido a algún acontecimiento concreto. El asegurado puede ser indemnizado en tres contratos:

Una póliza de "reembolso" Una póliza de "pago en nombre" o "en nombre de la póliza" Una póliza de "indemnización" en todos los contratos anteriores, el asegurado será pagado por la compañía de seguros. En la póliza de reembolso, el asegurado tiene que pagar la reparación o la sustitución de su bolsillo y posteriormente puede reclamar el reembolso.

El asegurado debe llevar a cabo la reparación o sustitución con el permiso de la aseguradora para que la reclamación sea aceptada y satisfecha.

En la póliza de pago por cuenta, el asegurado no pagaría nada de su bolsillo. La compañía de seguros negociaría en nombre del asegurado y pagaría cualquier siniestro planteado.

Últimamente, la mayoría de las pólizas de seguro utilizan este tipo de contrato, ya que facilita a la compañía de seguros la gestión del siniestro y el control de los gastos.

Cuando se trata de una póliza de indemnización, la compañía de seguros puede utilizar cualquiera de los tipos de contrato mencionados que son de reembolso o de pago por cuenta. El uso depende de qué contrato sea más beneficioso para el asegurado y la aseguradora durante el proceso de tramitación del siniestro.

La póliza no suele incluir causas como una cláusula de exclusión nuclear, que excluye los daños causados por accidentes nucleares y de radiación, y una cláusula de exclusión de guerra, que excluye los daños por actos de guerra o terrorismo.

Seguro de propiedad

El seguro de propiedad es un tipo de póliza que ofrece protección a la propiedad o proporciona cobertura de responsabilidad civil. Cuando la propiedad de un tercero es dañada involuntariamente por el asegurado, los daños a la propiedad o a las personas pueden ser cubiertos por el seguro de propiedad cuando se plantea la reclamación y si se considera que son legales. El seguro del hogar, el seguro contra inundaciones, el seguro de inquilinos y el seguro contra terremotos son algunos de los tipos de seguro de propiedad.

El seguro de propiedad ofrece tres tipos de cobertura:

El coste que supone reparar o sustituir el bien dañado por el mismo valor se denomina coste de reposición. Se obtiene el coste de reposición en lugar del valor real del bien dañado.

En la cobertura del valor real, el propietario recibe el coste real del artículo menos la depreciación. Por ejemplo, si el coste de un artículo dañado era de 100 dólares hace cinco años, y el coste actual es de 150 dólares, recibirá 100 dólares.

. . .

En la cobertura de coste de reposición ampliada, el individuo obtendrá hasta un 25% más de dinero que el límite de cobertura, en caso de que el coste de la construcción haya aumentado.

Seguro de hogar

Como se ha mencionado anteriormente, el seguro de hogar es un tipo de seguro de propiedad que proporciona protección financiera contra los daños o el robo de una residencia junto con los daños a los bienes o al contenido de la casa. Cada póliza de seguro de hogar tiene un límite de responsabilidad que define la cobertura ofrecida al asegurado. Un seguro de hogar ofrece protección contra cuatro tipos de daños: los daños causados a los interiores de la vivienda, los daños externos a la vivienda, la pérdida o el daño de los bienes personales/pertenencias y las lesiones que se produzcan mientras se encuentre en la propiedad. El ama de casa tendrá que pagar una franquicia al hacer una reclamación contra cualquiera de los daños mencionados.

Los límites de responsabilidad estándar suelen ser de 100.000 dólares, pero el asegurado tiene la opción de optar por un límite superior.

. . .

Si se produce una reclamación, el límite de responsabilidad determina la cantidad que se destinará a reparar o sustituir los daños del edificio, los objetos personales y también el coste de vivir en una propiedad separada mientras se realizan las reparaciones.

Los terremotos, las inundaciones o cualquier acto de Dios o los daños causados por una guerra, o los daños causados por el moho, no suelen estar cubiertos por las pólizas de seguro de hogar estándar. Los propietarios que viven en zonas propensas a los terremotos o a cualquier desastre natural pueden solicitar una cobertura especial para protegerse de los daños causados por estos actos. Pero la mayoría de las pólizas básicas de seguro de hogar cubren sucesos como huracanes y tornados.

Las compañías de seguros aceptan las reclamaciones contra los riesgos mencionados en el contrato. Un funcionario de la compañía de seguros puede acudir a su casa para investigar y confirmar si la propiedad ha sido dañada por un riesgo mencionado. Hay otra sección en el seguro de hogar, que se llama riesgo abierto, que cubre todos los riesgos excepto los excluidos del contrato.

En el seguro de hogar, el contenido de la vivienda también está asegurado.

La mayoría de las pólizas de seguro ofrecen cobertura para el contenido personal durante un traslado a un nuevo lugar o cuando se está de vacaciones. Es aconsejable comprobar con su proveedor de seguros la cobertura que ofrece y asegurarse de que los daños accidentales están cubiertos. En algunos casos, se puede optar por una cobertura adicional para las posesiones personales que proporcione protección durante la mudanza a un lugar diferente. Esta póliza o cláusula adicional ofrece protección para dos tipos de artículos:

Las posesiones personales son los objetos que normalmente lleva consigo cuando se traslada de casa. Se le preguntará por la cobertura que necesita cuando elija esta opción. Elija una suma total del valor de los artículos que lleva.

Los artículos especificados son cualquier artículo de alto riesgo que cueste más de una cantidad determinada.

Algunos de los artículos de alto riesgo son los ordenadores, los portátiles, las tabletas, los cuadernos, las joyas, los relojes, las perlas, los metales o piedras preciosas y otros artículos. Algunas de las pólizas de gama alta tienen límites más altos, un menor número de exclusiones y, a veces, mejores condiciones de liquidación.

· · ·

El seguro hipotecario y su funcionamiento

El seguro hipotecario es una póliza que ofrece protección a los prestamistas y les indemniza en caso de impago del préstamo hipotecario, cuando el prestatario fallece o no puede pagar el importe por cualquier circunstancia. Este seguro suele ser de tres tipos: seguro hipotecario privado, prima de seguro hipotecario cualificado y seguro de título hipotecario (Kagan, 2020).

El seguro hipotecario privado, o PMI, es necesario si el prestatario no puede pagar el 20% de cuota inicial obligatoria al comprar una propiedad. El PMI lo organiza el prestamista y lo proporcionan empresas de seguros privadas. Utilice la calculadora del PMI para conocer el importe de la prima que tendrá que pagar. Normalmente, forma parte de las cuotas mensuales y puede cancelarse una vez que se haya cubierto el pago inicial del 20%.

La prima del seguro hipotecario cualificado se paga para proporcionar protección a los pagos de la hipoteca del prestatario. La mayoría de los préstamos aprobados por la Administración Federal de la Vivienda de Estados Unidos incluyen también la prima del seguro hipotecario y una prima anual, independientemente del importe del pago inicial.

El importe de la prima es del 1,75% del importe del préstamo, y la prima anual oscila entre el 0,45% y el 1,05% del saldo medio pendiente del préstamo para ese año. Si el pago inicial es inferior al 10%, hay que pagar las cuotas mensuales de la prima durante toda la duración del préstamo de la FHA, y si el pago inicial es superior al 10%, hay que pagar la prima durante 11 años (Marquand & Bundrick, 2021).

El seguro de título hipotecario protege a los prestamistas y a los prestatarios de cualquier daño causado por un título malo. El abogado o el profesional de la compañía de títulos realiza una búsqueda exhaustiva del título para comprobar si la propiedad no ha sido arrendada o si el propietario actual es el legítimo dueño de la misma. Incluso después de la búsqueda, puede ocurrir que el título se estropee. Aquí es donde el seguro del título protege al comprador y al prestamista.

¿Cómo funciona el seguro hipotecario?

En este tipo de seguro, el prestatario paga la prima, pero el beneficio lo obtiene el prestamista. El seguro puede pagarse como una cantidad fija en su totalidad en el momento de la firma de la hipoteca o de forma mensual.

· · ·

El prestamista obtendrá una parte del importe de la prima que paga el prestatario en caso de que éste deje de pagar la cuota.

Además, tenga en cuenta que el seguro hipotecario es diferente del seguro de protección hipotecaria, ya que en este último el prestamista cobra en caso de que el prestatario fallezca. Sin embargo, el prestatario no obtiene ningún beneficio, por lo que se aconseja contratar un seguro de vida a plazo. En caso de que el prestatario fallezca, el prestamista recibirá el pago de la hipoteca y su casa quedará libre de hipotecas, pero su familia no podrá decidir cómo utilizar el importe. Este seguro bloquea su dinero y obliga a su familia a pagar la hipoteca aunque haya necesidades más urgentes delante de su familia.

Seguro de vida y cómo elegir la mejor opción

El seguro de vida es una póliza en la que usted paga primas a cambio de una garantía de que su familia o el beneficiario que usted haya asignado obtendrá la cantidad asegurada en caso de su fallecimiento. Necesitas un seguro de vida para que tu negocio y tu familia puedan seguir funcionando incluso después de tu muerte.

. . .

Los seguros de vida más comunes son los seguros de vida a plazo y los seguros de vida entera. Los seguros de vida cubren el fallecimiento por causas naturales, accidentes de tráfico o cualquier muerte que no esté excluida en el momento de firmar la póliza.

El seguro de vida no cubriría la muerte causada por un suicidio, un asesinato por parte del beneficiario o un asesinato causado durante una actividad criminal voluntaria. Tampoco puede cubrir la muerte causada por acrobacias que desafíen a la muerte o cualquier acto peligroso, o si has mentido en el momento de firmar la póliza. Por ejemplo, si mintió sobre su estado de salud subyacente, el seguro de vida no pagará nada.

Algunos de los factores que influyen en el importe de la prima son la altura, el peso, la edad, el sexo, el estado de salud actual y pasado, el historial de salud de la familia, los hábitos de fumar y beber, la ocupación, el estilo de vida y otros factores.

El seguro de vida temporal se ofrece por un periodo de tiempo determinado, como 10, 20 o 30 años.

. . .

Durante el periodo de tiempo, usted pagará las primas y, en caso de que fallezca durante el periodo, su beneficiario recibirá la cantidad asegurada. En caso de no fallecer, no se paga ninguna cantidad.

En el seguro de vida entera, su póliza permanece activa mientras siga pagando las primas. La compañía de seguros es responsable de pagar la cantidad asegurada en caso de que usted fallezca y si su póliza sigue activa. La póliza de vida entera tiene un coste mayor en el pago de las primas en comparación con el seguro de vida temporal.

¿Qué hay que tener en cuenta al contratar un seguro de vida?

El coste de la prima es uno de los factores importantes que hay que tener en cuenta antes de comprar la póliza.

Hay muchos factores que afectan al coste de la prima, siendo la edad el más importante. Cuanto más joven compre la póliza, menos tendrá que pagar por la prima, aunque ésta aumenta si fuma, bebe o tiene alguna enfermedad subyacente. Acuda a varios proveedores, negocie y consiga la mejor oferta para su póliza de seguro de vida.

La duración del plazo entra en escena en caso de que firme una póliza de seguro de vida a plazo. Como he mencionado anteriormente, el periodo de vigencia oscila entre 10 y 30 años. Como las posibilidades de morir aumentan a medida que se envejece, en el caso de una póliza de mayor duración, las tasas de las primas de la póliza también aumentarán. Por lo tanto, el tipo de la prima de la póliza para 30 años será más alto que el de la póliza para 10 años.

Compruebe la flexibilidad de la póliza. En muchos casos, si has comprado, estás atado a los términos y condiciones de la póliza durante toda su duración. Pero en algunos casos, sobre todo en Internet, las compañías permiten más flexibilidad, sobre todo cambiando la duración del plazo, ya sea reduciendo o aumentando la duración. También permiten cancelar la póliza.

Como esta póliza está relacionada con el fallecimiento de la persona, las compañías de seguros de vida exigen algunos detalles para comprobar su cualificación para la póliza. Hacen hincapié en los detalles relacionados con su salud y su estilo de vida. Es posible que le pidan que pase un examen médico y obtenga los informes médicos para determinar su estado de salud actual y cobrarle la prima en consecuencia.

· · ·

Pero hoy en día, las nuevas compañías de seguros utilizan datos relacionados con su salud, sus hábitos de consumo y su estilo de vida para determinar sus posibilidades de obtener el seguro. Pueden permitirle omitir los exámenes médicos.

También hay que tener en cuenta el índice de éxito de las compañías de seguros de vida antes de comprar la póliza.

Hay que comprobar el factor de facilidad con el que dan el pago, el ratio de éxito en términos de tiempo de procesamiento de las compañías para liquidar la reclamación y enviar el dinero al beneficiario sin mucha molestia.

También hay que tener en cuenta el tiempo que tarda la póliza en llegar a su destino. Las empresas tradicionales tardan entre tres y ocho semanas en enviarle la póliza.

Pero muchas empresas garantizan que han reducido el tiempo de tramitación y entregan la póliza en su bandeja de entrada en pocos días.

Debe considerar el método de pago de su póliza de seguro de vida.

El pago puede ser en forma de cantidad completa o de pagos mensuales. En el caso de la suma global, el pago se realiza en una sola cantidad que puede ser utilizada por los beneficiarios. En el caso de los pagos mensuales, el beneficiario recibirá un pago mensual, que puede servir para pagar las facturas mensuales, pero una vez que finalice la vigencia de la póliza, el pago cesará. Por ejemplo, si usted fallece unos meses antes de que expire la póliza, el pago se efectuará sólo durante los meses restantes y después no se entregará ningún dinero.

7

Planificación De La Jubilación

Hasta ahora, hemos conocido los distintos aspectos de las finanzas personales, como el presupuesto, las inversiones, los ahorros y los seguros. Ahora estudiaremos el último aspecto de un plan financiero sólido, que es la planificación de la jubilación.

Introducción a la planificación de la jubilación e importancia

La planificación de la jubilación es un proceso que dura toda la vida y que implica la definición de los objetivos de jubilación y la determinación de los pasos y las decisiones que permitirán alcanzarlos.

. . .

Esencialmente, la planificación de la jubilación implica determinar la edad a la que se quiere jubilar, identificar las diferentes fuentes de ingresos y los gastos basados en las necesidades, los deseos y los fondos de emergencia, calificar las diferentes opciones de inversión disponibles y determinar las mejores que ayudarán a alcanzar los objetivos de la jubilación. La planificación de la jubilación consiste en crear un plan que le prepare para vivir cuando los ingresos regulares dejen de llegar. Implica planificar no sólo el aspecto financiero de la vida, sino también factores como la forma de pasar el tiempo, las condiciones de vida, si tendría que seguir trabajando a tiempo parcial para financiar su estilo de vida y otros aspectos importantes. La planificación de la jubilación cambia según las distintas etapas de la vida. En la parte inicial de su carrera, ahorrará una cantidad global hacia la mitad de su carrera, y se dará cuenta de la cantidad real que necesitará para jubilarse. Entonces desviará sus fondos en consecuencia y tomará medidas para alcanzar la cantidad deseada. Y una vez que te hayas jubilado, se tratará de distribuir el fondo acumulado a lo largo de los años para que puedas vivir cómodamente después de la jubilación (Kagan, 2019).

Desde principios de la década de 2000, la planificación de la jubilación ha pasado de un modelo basado en el empleador a otro basado en el individuo.

· · ·

Con esta transición, se ha vuelto muy importante que las personas ahorren, inviertan y estén totalmente equipadas para financiar sus objetivos de jubilación. Desgraciadamente, no muchas personas entienden el concepto de interés compuesto, inflación y diversificación de la cartera para reducir el factor de riesgo. Debido a ello, no consiguen planificar su jubilación adecuadamente, incluso cuando su jubilación está prevista para dentro de unos años. Esta negligencia en la planificación de la jubilación hace que los fondos de jubilación sean escasos y que se enfrenten a problemas una vez que los ingresos regulares han dejado de abonarse en la cuenta.

Según un estudio (Mitchell y Lusardi, 2011), la alfabetización financiera era más baja en el grupo de edad de las personas menores de 35 años o mayores de 65 años. Este hecho indica que estos grupos no disponen de los conocimientos adecuados para aumentar su fondo de jubilación.

Carecen de conocimientos financieros y, por tanto, no consiguen planificar su jubilación. Esta carencia es preocupante, ya que ser capaz de formular y aplicar un plan de jubilación es la clave de la seguridad en la jubilación.

Se observó que los que no tenían un plan de jubilación adecuado se jubilaron con la mitad de la cantidad en comparación con las personas que habían planificado su jubilación.

Es posible que esto se deba a que las personas analfabetas desde el punto de vista financiero carecen de conocimientos sobre el interés compuesto, tanto en lo que respecta a la inversión como al uso de las tarjetas de crédito. Como hemos visto, cuando utilizamos una tarjeta de crédito, el interés que se cobra es de naturaleza compuesta, lo que significa que acabamos pagando una cantidad importante al acreedor y reducimos nuestros ahorros. Además, si no empezamos a invertir pronto, podemos perder importantes ganancias de intereses basadas en el poder de la capitalización. Desgraciadamente, esto indica que las personas con menos formación y con salarios bajos pueden tener una mala capacidad de decisión financiera. Esta incapacidad repercutirá en sus finanzas personales y, a su vez, en sus decisiones relacionadas con las inversiones, los gastos y, sobre todo, la jubilación.

La planificación de la jubilación no sólo le proporciona un alivio financiero, sino que también es importante para su salud mental. Se ha observado que las personas que han planificado su jubilación se sienten menos estresadas y deprimidas.

. . .

Si participa en la planificación de la jubilación anticipada, tendrá una experiencia más positiva a la hora de adaptarse a su vida tras la jubilación. Además, un estudio ha compartido que si se ha planificado bien la jubilación, se puede abandonar la vida laboral más fácilmente y con mayor antelación. La Asociación Americana de Psiquiatría ha estimado que más del 70% de las personas están estresadas por su salud financiera y eso también puede afectar a su salud física.

Si ha planificado correctamente sus fondos de jubilación, no tendrá que pagar muchos impuestos durante su jubilación. Además, la planificación de la jubilación tiene muchas ventajas fiscales durante el periodo de trabajo.

Los planes como el 401(k), la IRA tradicional y la Roth IRA pueden ayudar a reducir los impuestos durante la vida laboral. Desde el punto de vista de los beneficios fiscales, tendrá las siguientes fuentes de ingresos durante su jubilación:

La inversión con impuestos diferidos incluye los planes de pensiones, la seguridad social, los planes 401 (k) y las cuentas IRA antes de impuestos.

· · ·

La inversión libre de impuestos incluye las cuentas IRA Roth, las cuentas de ahorro para la salud (HSA) y los bonos municipales.

La inversión gestionada fiscalmente incluye cuentas de corretaje estándar con inversiones fiscalmente eficientes, como los fondos indexados.

Además, cuando tenga en mente una cantidad mayor y un estilo de vida de jubilación, planificará sus movimientos profesionales en consecuencia y tratará de aumentar sus ingresos para financiar ese estilo de vida.

En caso de que se vea obligado a jubilarse anticipadamente, no le pillará desprevenido y estará mejor preparado para afrontar la dura situación. Y lo que es más importante, podrá seguir llevando una vida independiente en la que su autoestima quedará intacta. No tendrá que depender de sus hijos ni de nadie para financiar sus necesidades diarias.

Cuando haya planificado sus emergencias médicas, incluidas las de larga duración, no tendrá que depender de ayuda externa.

· · ·

¿Cuánto necesita para planificar su jubilación?

En sus días de juventud, si tiene una vida sin deudas, mantiene sus facturas de crédito al mínimo y dispone de ingresos, debería invertir para sus objetivos a corto y largo plazo. Entre sus diversos objetivos a corto plazo, su máxima prioridad debería ser crear un nido de corpus de seis meses para financiar sus necesidades diarias. En cuanto a la planificación a largo plazo, debe planificar su jubilación. La jubilación es el momento en que su salario mensual regular dejará de abonarse en su cuenta. Por lo tanto, es importante tener un plan en el que se acredite suficiente dinero en su cuenta para que pueda continuar con el mismo estilo de vida. Teniendo en cuenta la inflación y el aumento de los costes médicos, ésta es la pregunta importante que debe hacerse antes de empezar a planificar: ¿Cuánto dinero necesito para vivir cómodamente después de la jubilación?

¿Es mejor invertir el dinero que ahorrar?

Según una investigación (Probasco, 2020) (2019 401(k) Participant Survey, 2019), en promedio, los jubilados necesitan 1,7 millones de dólares para jubilarse cómodamente, y muy pocos están en camino de lograr ese objetivo.

La mayoría de las veces, esto se debe a que las personas no son conscientes de cuánto deben ahorrar, no saben qué herramientas de inversión utilizar y no hacen un seguimiento de cuánto se ha ahorrado. La investigación indica que el 95% de las personas desearía recibir ayuda profesional para determinar sus objetivos de jubilación. Aparte de determinar la edad de jubilación, para lo que el 41% de las personas buscan ayuda profesional, el 40% de las personas querrían saber la cantidad que deberían ahorrar antes de su jubilación. La investigación también indica que el 38% de las personas están estresadas por sus planes de jubilación y por ahorrar suficiente dinero para jubilarse cómodamente.

La misma investigación dice que el 64% de las personas se dedican más a ahorrar que a invertir. Este alto porcentaje indica que la mayoría de la gente acaba poniendo el dinero en cuentas de ahorro en lugar de utilizar opciones como una cuenta individual de jubilación, una cuenta de ahorro para la salud o un inmueble. Este enfoque no servirá de nada a largo plazo, ya que el interés que se obtiene en la cuenta de ahorro es significativamente menor que el que se obtendrá invirtiendo en la bolsa o en una cuenta individual de jubilación. Casi el 50% de las personas no han hecho ningún cambio en la cartera de inversiones del 401(k) en dos años.

. . .

Seguir un enfoque de "montar y olvidar" será perjudicial a largo plazo, cuando se dé cuenta de que su dinero no ha crecido como debería. Es importante participar activamente en la gestión de sus planes 401(k) para hacerlos crecer, y este enfoque se aplica también a sus herramientas de inversión para la jubilación.

Algunos enfoques para determinar cuánto necesitaría

Escriba sus objetivos de jubilación y luego añada el coste de cada partida. Ten en cuenta la tasa de inflación. De media, la tasa de inflación en EE.UU. se ha situado en torno al 2% en los últimos años, e incluso el gobierno federal sitúa la tasa de inflación en el 2% (Lake, s.f.-a).

Teniendo en cuenta esta tasa de inflación, planifique sus gastos de jubilación. Debes tener en cuenta el aumento de los costes médicos, en caso de que no tengas seguro médico. Por otro lado, haz una lista de tus posibles fuentes de ingresos. Aparte de tu 401 (k), puede incluir los alquileres de la casa, la seguridad social, la pensión y otras fuentes que puedas crear. Suma tus gastos y tus ingresos y procura que coincidan. La cantidad que obtenga por el lado de los gastos puede ser el punto de partida para la planificación de su jubilación.

. . .

Algunos de los gastos que puedes incluir en tu columna son las facturas de los servicios públicos, los costes de mantenimiento de la casa, los gastos de alimentación, los gastos de viaje y el seguro de vida. La sanidad será un área importante en la que tendrá que contribuir de forma significativa. Según una estimación, una persona de 65 años que viva en EE.UU. en 2020 necesitará 295.000 dólares en asistencia sanitaria durante sus años de jubilación (Lake, s.f.-a).

Hay expertos que sugieren que la renta de jubilación debería ser aproximadamente el 80% de su salario final antes de la jubilación. La cuantía puede variar en función de las opciones que elijas para después de la jubilación o si piensas trabajar a tiempo parcial después de la misma.

Otra forma popular de determinar el importe es la regla del 4%. Esta regla se aplica para determinar la cantidad que una persona jubilada puede retirar de su cuenta de ahorro para la jubilación para mantener una fuente de ingresos constante. En este caso, sus ingresos dependen de los dividendos e intereses que obtenga del fondo del corpus. Supongamos que necesita 100.000 dólares anuales tras su jubilación para mantener su estilo de vida.

. . .

Entonces, según la regla del 4%, necesitaría 2.500.000 dólares en el momento de su jubilación. Pero los expertos consideran hoy en día que esta regla está anticuada, ya que no tiene en cuenta las condiciones dinámicas del mercado. Además, el éxito de esta regla dependerá de lo estricto que sea su cumplimiento. En caso de que su espolón un año, toda su planificación se irá al garete, ya que sus intereses y dividendos se reducirán.

Ahora vas a estudiar las fórmulas para determinar tus objetivos de ahorro en función de tu nivel de ingresos actual.

Porcentaje de su salario

Una de las formas de determinar la cantidad que uno debe acumular a distintas edades puede ser pensar en el porcentaje de su salario (Probasco, 2020). Se sugiere que tu ahorro sea igual a tu salario al cumplir los 30 años. Esta cifra se puede aproximar ahorrando el 15% de tu salario bruto a partir de los 25 años y de este 15%, la mitad de esta cantidad debería invertirse en acciones. Los porcentajes para otros grupos de edad son:

40 años - dos veces el salario anual

50 años - cuatro veces el salario anual

Edad 60-seis veces el salario anual

67 años: ocho veces el salario anual

Otra forma de conseguir un ahorro igual a tu salario cuando tengas 30 años, es ser más agresivo. Debería aspirar a ahorrar el 25% de su salario anual a partir de los 20 años. Este 25% puede incluir su 401 (k), la contribución del empleador, las inversiones en acciones y varios otros tipos de opciones de inversión que hemos discutido. Si seguimos con la lógica del ahorro, aquí están los puntos de referencia para otros grupos de edad:

Edad 35-dos veces el salario anual

40 años - tres veces el salario anual

Edad 45-cuatro veces el salario anual

50 años - cinco veces el salario anual

Edad 55-seis veces el salario anual

Edad 60-siete veces el salario anual

Edad 65- ocho veces el salario anual

Pasos para la planificación de la jubilación

La planificación de la jubilación es crucial para poder continuar con el mismo estilo de vida y también para atender sus necesidades médicas. En general, hay cinco pasos que debes seguir para una buena planificación de la jubilación (Orem, 2021):

. . .

Saber cuándo quieres jubilarte depende de cuándo has acumulado lo suficiente para sustituir tus ingresos mensuales regulares. Para ello hay que conocer las diferentes fuentes de ingresos que financiarán su jubilación.

La fuente más común es la seguridad social. La cantidad media que puede recibir mensualmente en 2021 es de 1.543 dólares. La edad plena de jubilación es de 66 años, pero en el caso de las personas nacidas después de 1960, la edad plena de jubilación se ha aumentado a 67 años.

Con la plena edad de jubilación, puedes recibir 3.148 dólares mensuales y si solicitas la seguridad social cuando alcances los 70 años, puedes recibir 3.895 dólares mensuales. Comprueba también si tienes una pensión proporcionada por tu empresa. También puedes financiar tu jubilación aceptando un trabajo adicional o haciendo un trabajo a tiempo parcial después de la jubilación. Una vez que hayas enumerado las fuentes de ingresos, añade tus gastos, que deben definir claramente tus necesidades, deseos y fondos de emergencia (Weston, 2021).

Una vez que sepa cuándo quiere jubilarse, el siguiente paso sería saber cuánto dinero necesitará en el momento de su jubilación.

. . .

Anote sus gastos futuros, incluidos los gastos médicos, y luego haga coincidir sus ingresos futuros con sus gastos.

Este puede ser su punto de partida. Hemos hablado de los pasos que hay que seguir para determinar la cantidad y el plan que debe seguir para alcanzar esa cantidad deseada.

Clasifique sus objetivos financieros en función de su importancia. Aparte de la planificación de la jubilación, debe tener otros objetivos financieros que pueden ser más importantes en un momento dado. Pueden ser los gastos de educación de tus hijos o el pago inicial de la hipoteca de tu casa. Lo más importante es que planifique su fondo de emergencia antes de empezar a planificar cualquier otro objetivo financiero.

Por lo tanto, cree una lista de prioridades y financie sus objetivos en consecuencia. Lo ideal es que sigas financiando tus objetivos de jubilación junto con tus otros objetivos financieros.

Ahora que sabe cuánto debe ahorrar, es importante saber cómo invertir y conseguir esa cantidad. A continuación, analizaremos las distintas opciones de inversión disponibles en el mercado (Appleby, s.f.).

-401(k) es la opción de jubilación más utilizada por las personas. Aparte de la planificación de la jubilación, también se utiliza para obtener beneficios fiscales. En este plan, los empleados hacen una contribución a través de deducciones automáticas, y en algunos casos los empleadores igualan la contribución. Si su empleador está igualando su contribución, entonces debe tratar de contribuir hasta el límite máximo, ya que esto se sumará a sus fondos de jubilación sin ninguna contribución adicional de su bolsillo. En 2021, el límite de contribución individual era de 19.500 dólares a su 401(k), o de 26.000 dólares en caso de que tenga 50 años o más. El límite de contribución combinada del empleador y el empleado es de 58.000 dólares y de 64.000 dólares si tienes 50 años o más.

El plan 401(k) individual está destinado a los propietarios de empresas sin empleados o a los trabajadores por cuenta propia. En 2021, el límite de contribución era de 58.000 dólares, con una contribución de recuperación de 6.500 dólares para las personas de 50 años o más. La única excepción a la condición de no tener empleados es que puedes contar a tu cónyuge como empleado y así aumentar tu aportación a la IRA. En cuanto al modelo de deducciones fiscales, tiene la opción de optar por una IRA tradicional o una Roth IRA. En la IRA tradicional, las aportaciones son deducibles fiscalmente, lo que reduce su renta imponible.

Sin embargo, los retiros de dinero se consideran ingresos y, por lo tanto, están sujetos a impuestos. En el caso de la IRA Roth, las aportaciones forman parte de sus ingresos y, por lo tanto, no hay desgravación fiscal. Pero los retiros posteriores están libres de impuestos. Puede abrir su cuenta 401(k) en solitario en un banco o en una agencia de valores. En el caso de una empresa de intermediación, es posible que necesite un número de identificación de empleado.

La pensión simplificada para empleados es un tipo de cuenta de jubilación para autónomos y propietarios de pequeñas empresas. Las aportaciones son deducibles de impuestos, y los retiros tributan como ingresos. En el caso de los propietarios de pequeñas empresas, todos los empleados que han trabajado para usted durante tres años y han ganado 600 dólares en el último año, entonces, según el IRS, son elegibles para obtener una contribución de usted. El límite de contribución para el SEP en 2021 es de 58.000 dólares. También hay que tener en cuenta que la contribución no puede exceder el 25% de su compensación o $ 58,000 en 2021. Para las personas de 50 años

No hay aportaciones de recuperación. Al igual que otras cuentas IRA, una vez que haya abierto la cuenta, puede invertir el importe en certificados de depósito, cuenta de ahorro o bolsa y bonos, dependiendo de si ha abierto la cuenta en un banco o en una empresa de corretaje.

A la hora de decidir sus opciones de inversión, también puede considerar los siguientes factores (Probasco, 2020):

1. La edad y el horizonte de jubilación son algunos de los factores importantes que debe tener en cuenta al diseñar su cartera de inversiones para la jubilación. El horizonte de jubilación indica el plazo que tiene antes de llegar a su jubilación. Cuanto antes empiece, con el principio del interés compuesto, su cartera crecerá más. En caso de que tenga 50 años o más, tiene la opción de participar en un plan que tenga una función de contribución de recuperación, y que le permita aumentar su contribución a sus fondos de jubilación en caso de que se quede atrás. En el plan 401(k), puede tener una opción de 6.000 dólares como opción de recuperación y, en el caso de las cuentas individuales, también puede hacer una contribución de recuperación, pero está limitada a 1.000 dólares. Estas aportaciones le permitirán hacer crecer su fondo de jubilación.

. Hay que definir claramente el propósito de crear una cuenta de jubilación.

. . .

Normalmente, la gente la abre para financiar su vida después de la jubilación, pero en algunos casos, también abren las cuentas para dejarlas a sus familiares y otros beneficiarios. Si tiene previsto dejar fondos a sus beneficiarios, debe decidir si quiere dejar fondos libres de impuestos o si pretende evitar las distribuciones mínimas obligatorias, ya que reducen el saldo de la cuenta. Las cuentas Roth IRA y Roth 401(k) ofrecen retiros libres de impuestos.

Además, las reglas de RMD no se aplican en el caso de la Roth IRA, por lo que puede dejar una cantidad mayor a sus beneficiarios.

El último paso en la planificación de su jubilación es diseñar su cartera de jubilación. Por lo general, se aconseja tener un enfoque agresivo cuando se es joven y adoptar un enfoque más conservador cuando se acerca la jubilación. Invertir mucho en bonos de la bolsa durante los primeros años le proporcionará el beneficio del interés compuesto y aumentará sus ahorros. Además, en caso de que sufra algunas pérdidas en la bolsa, tendrá la edad a su favor para recuperarse de las pérdidas. Utiliza servicios modernos como los robots-asesores, empieza a invertir en bolsa, o tienes la opción de ir a lo tradicional, toma los servicios de un asesor financiero.

8

Planificación Sanitaria

LA ASISTENCIA sanitaria es uno de los gastos más importantes en los que puede incurrir una persona a lo largo de su vida. Se calcula que una persona de 65 años que se jubile en 2020 puede gastar 295.000 dólares en asistencia sanitaria a lo largo de su jubilación. Incluso en los casos en que las personas han planificado su jubilación a lo largo de su vida, no estaban preparadas ni mental ni económicamente para los gastos sanitarios. Según un informe, sólo el 51% de los mayores de 60 años cree que sus fondos de jubilación serán suficientes a lo largo de su jubilación (Lake, s.f.).

La cantidad que necesitará para la asistencia sanitaria durante su jubilación depende de su edad y de su estado de salud general.

· · ·

Si ha mantenido un estilo de vida saludable durante su juventud y está considerablemente en forma en el momento de su jubilación, gastará menos en asistencia sanitaria durante su jubilación. Por otro lado, si mantiene un estilo de vida saludable, aumentará su esperanza de vida, por lo que necesitará que sus fondos de jubilación duren tanto tiempo.

Depender únicamente de Medicare para mantener su jubilación no es aconsejable. Lo importante es tener en cuenta que en el caso de personas discapacitadas o que dependen de otros para su bienestar, en definitiva, el coste de los cuidados de larga duración no está cubierto por Medicare. Si su Medicare no tiene una parte D, no cubrirá sus medicamentos recetados. Al depender de Medicare para financiar sus gastos de salud durante la jubilación, también deberá tener en cuenta los gastos como deducibles, primas y otros gastos de bolsillo. Además, los gastos de atención dental y oftalmológica no están incluidos en la parte A y la parte B.

Otro plan llamado Medicare Advantage, que ofrecen las aseguradoras privadas, cubre todos los gastos que cubre el Medicare original junto con los de la Parte D. Algunos de los planes de Medicare Advantage también cubren la atención odontológica y oftalmológica.

· · ·

Aparte de Medicare, hay otras formas en las que las personas pueden crear un fondo de reserva para sus gastos médicos.

La cuenta de ahorro para la salud, o HSA, es una cuenta de salud que permite ahorrar impuestos a las personas que financian sus gastos médicos a través de planes de salud con deducible alto (HDHP). Los HDHP son planes de seguro que tienen una franquicia mínima elevada para los gastos médicos. Este tipo de seguro es útil para las personas sanas que requieren cobertura sólo en caso de emergencia médica grave. La ventaja de los HDHP es que permiten al individuo abrir una cuenta HSA, en la que puede hacer contribuciones que se difieren fiscalmente. Estas contribuciones ayudarán a cubrir los gastos médicos altamente calificados que no están cubiertos por el HDHP. Si los retiros de la HSA se utilizan para cubrir gastos médicos por enfermedades graves, los retiros estarán exentos de deducciones fiscales. Esta cuenta suele ser abierta por personas con ingresos elevados, ya que la franquicia es alta. Las aportaciones realizadas a la HSA también pueden utilizarse para cubrir gastos como la atención odontológica y oftalmológica y los medicamentos recetados.

Con la pandemia del Coronavirus en escena, se aprobó en 2020 una nueva ley, la Ley de Ayuda, Alivio y Seguridad Económica contra el Coronavirus (CARES), que permite utilizar los fondos de la HSA para medicamentos sin receta. Además de esto, la HSA también ofrece algunos beneficios fiscales, que incluyen:

Contribuciones deducibles

Crecimiento con impuestos diferidos

Retiradas libres de impuestos para gastos médicos cualificados

La aportación a la HSA ordinaria en 2021 es de 3.600 dólares para un individuo y para las familias, la aportación puede duplicarse hasta los 7.200 dólares. Para las personas mayores de 55 años, se puede hacer una contribución de recuperación de 1.000 dólares al año. Un punto importante a tener en cuenta aquí es que las personas que tienen una cuenta de Medicare ya no pueden hacer nuevas contribuciones a la HSA.

El seguro de larga duración puede adquirirse para pagar una contribución mensual a largo plazo durante un periodo determinado que puede ser de dos a cinco años o durante el resto de la vida. No todo el mundo puede permitirse este plan de seguros, por lo que se aconseja a los jóvenes que opten por un seguro de larga duración.

Cuanto antes se contrate el seguro de larga duración, más baratas serán las primas.

. . .

Por lo tanto, los gastos médicos son una parte importante de la planificación de la jubilación. Cuanto más cuidadosamente se adopte este aspecto en su planificación de la jubilación, menos cantidad del fondo de jubilación destinado a sus otras necesidades se utilizará en su emergencia médica.

Conclusión

La planificación financiera personal es un concepto global bajo el que se encuentran conceptos más pequeños como la elaboración de presupuestos, la inversión, el ahorro, la compra de seguros, la gestión de la deuda y la planificación de la jubilación. Elaborar un presupuesto claro le ayudará a comprender su situación financiera actual, a crear un fondo de emergencia y a planificar su jubilación. Una política clara de gestión de la deuda le permitirá jubilarse sin deudas y también reducir el pago de las facturas de las tarjetas de crédito. Contar con el tipo de seguro adecuado para varias entidades como su hogar y el seguro médico le ayudará a hacerse cargo de los gastos relacionados con estas entidades. Un seguro de vida permitirá a su familia y a su beneficiario seguir llevando el mismo estilo de vida.

. . .

La planificación financiera le obligará a ser más disciplinado en la gestión de su dinero. Le ayudará a identificar las áreas de gasto sin sentido y a desviar ese dinero hacia acciones más fructíferas, como la mejora de su formación o el ahorro para el pago inicial. En resumen, con una planificación financiera adecuada podrá vivir felizmente hoy y también asegurar su futuro.

www.ingramcontent.com/pod-product-compliance
Lightning Source LLC
Chambersburg PA
CBHW071234210326
41597CB00016B/2054